Le Staffordshire
Bull-Terrier

FRANÇOIS KIESGEN DE
RICHTER

ISBN-13 : 978-1535274593
ISBN-10 : 153527459X

DÉDICACES

À mes petites filles Léa et Zoé

REMERCIEMENTS

Je tiens particulièrement à remercier Didier Batsch éducateur professionnel à Chateau-Renard.

J'ai une pensée émue pour Dominique et Yann Lesourd éducateurs professionnels à Meaux.

SOMMAIRE

PRÉSENTATION

Le Staffordshire Bull-Terrier ou Staffie est un chien très doux, très équilibré, qui a une tendance marquée à vivre dans l'adoration perpétuelle de son maître et qui aimerait même passer ses journées dans ses bras.

Audacieux, fiable, loyal, courageux, intrépide, intelligent, affectueux, c'est un compagnon absolument fiable pour les adultes de la famille comme pour les enfants.

Son passé de combattant est si lointain qu'un chiot bien socialisé se montrera coopératif avec ses congénères.

Toutefois, s'il est provoqué, il réagira et il faudra alors intervenir rapidement car sa prise est restée terrible, il sera donc essentiel de parfaitement l'éduquer.

Il sera un bon chien de garde mais il ne faudra pas stimuler son agressivité, ce qui n'empêchera pas de l'éduquer à la garde mais sans mordant, juste il faudra travailler sur le développement de son attention et de sa vigilance.

Le Staffordshire Bull-Terrier est le plus petit des Terriers de type Bull et c'est aussi le plus populaire au Royaume-Uni, en France il fait partie des vingt chiens préférés des Français.

Le Staffie fera de vous un maître heureux et rassuré. Sa gentillesse, et sa protection en font un excellent chien de compagnie.

C'est vraiment le chien idéal, qui s'adapte à toutes les situations, à la ville comme à la campagne, particulièrement propre, excellent chien de famille, sûr de lui, et courageux, il ne manifeste aucune agressivité inutile, bien socialiser il ne sera pas belliqueux à l'égard de ses congénères, et il n'aboiera qu'à bon escient, il apprend très vite. Bref c'est le chien rêvé, pour un maître averti.

Il faudra faire attention qu'il comprenne bien sa place dans la hiérarchie de la meute, notamment que l'enfant est bien au-dessus de lui et fait partie de ses supérieurs. Il faudra également veiller à ce que les enfants en bas âge ne le prennent pas pour un jouet, en surveillant par exemple à ce qu'ils ne lui tirent pas sur la queue, ou les oreilles.

Le mâle Staffie est mature rapidement, vers l'âge de quinze mois : le maître devra donc veiller à ne pas relâcher sa vigilance les premiers mois.

Si la fermeté est de mise dans l'éducation du Staffie, l'autoritarisme est proscrit, il ne faut pas s'attendre avec lui à devoir affronter une forte tête ; le Staffie n'est pas un chien difficile.

Il ne faudra ni lui crier dessus ni être. Il suffit de s'affirmer – un Non est un Non - afin qu'il vous reconnaisse comme étant le leader de sa meute. Il ne faudra jamais céder à un caprice et constant dans votre éducation envers lui.

C'est une relation faite de complicité et de confiance qui doit s'établir entre le Staffie et son maître. Le Staffordshire bull-terrier est un chien intelligent, qui comprendra rapidement ce que son maître attend de lui ; il suffit de savoir moduler sa voix, et de mettre le ton adéquat pour qu'il s'exécute.

Attention c'est très important, la socialisation de votre Staffie ne devra pas prendre de retard. Il faut lui présenter des congénères, des enfants, des adultes et le plus de situations diverses, le plus jeune possible, et son maître devra être assez souple tout en sachant être ferme, mais encore une fois jamais de brutalité ni de cris ;

Comme le Staffie est méfiant, c'est justement une mauvaise socialisation qui pourrait le rendre peureux, ce qui est absolument à éviter, car il développera de l'agressivité en réponse à ses peurs

Il faudra le mettre en confiance, un travail que le maître devra prendre en relais à la sortie du chiot Staffie de son élevage.

Il est tout aussi essentiel chez lui de ne pas exacerber les tendances à être rebelle tout de suite le « Non » doit être acquis. L'essentiel est d'être toujours cohérent dans son éducation, et le Staffie trouvera sa place au sein du foyer, et respectera la hiérarchie.

Le Staffie se destine à un public varié, à partir du moment où le maître prend le temps de l'éduquer. Il est possible pour un néophyte d'avoir un Staffie, mais il devra s'inscrire en école du chiot, puis en club.

Contrairement à certains chiens qui ne sont pas à mettre en toutes les mains, le Staffie est réputé moins « pointu » que d'autres, ce qui rend plus facile son éducation, même si elle exige un accompagnement en école du chiot.

Le Staffie conviendra parfaitement à une famille où il s'intégrera sans problème et sera un bon compagnon pour tous ; il ne pose pas de difficultés, juste mais c'est un point important il faudra l'avoir bien éduquer en s'y prenant tôt.

L'histoire du Staffordshire Bull-terrier est empruntée de relations conflictuelles avec ses congénères et divers animaux, et ce à cause d'une très mauvaise information sur la race qui a conduit à oublier l'exigence d'une éducation commencée tôt.

Le chiot doit avoir eu une imprégnation chez l'éleveur dès les premières semaines de sa vie, avec ses congénères et divers animaux, c'est fondamental. Si l'éleveur ne peut pas vous prouver cette socialisation de base, refusez de traiter avec lui. Fuyez tout de suite les éleveurs mettant en avant le terme nannydog

La socialisation, dès l'arrivée de votre Staffie avec des chiens de toutes races, sexe et âges est une obligation pour que votre chiot arrivé à l'âge adulte soit social.

On ne socialise pas un chiot en le promenant seulement le week-end avec d'autres chiens. On ne socialise pas un chiot parce qu'on a un autre chien à la maison ou parce qu'il voit un autre chien de la famille régulièrement.

La socialisation c'est l'école du chiot dès son arrivée, et une exposition progressive à toutes les situations, les plus diverses.

Si un éleveur ose vous tenir un discours différent c'est qu'il ne connaît rien aux chiens et encore moins aux Staffies.

Un Staffie aura aussi besoin qu'on lui apprenne à rester seul dès qu'il arrive à la maison et pour ne pas avoir un chiot destructeur ou hurleur ou qui fera ses besoins partout à la maison dès que les propriétaires seront absents.

Un chiot Staffie dès lors que les règles de bases sont définies et respectées et que son propriétaire lui offre un environnement et une vie stimulante et épanouissante sera un chiot tout ce qu'il y a de plus normal et facile à vivre.

ORIGINES DU CHIEN

Connaître l'étiologie avant d'éduquer est une démarche indispensable qui vous évitera bien des déboires.

Le chien est avant tout un animal avec des comportements issus de son parcours génétique, il a des besoins spécifiques, et en tenir compte vous permettra de mieux appréhender son éducation.

La domestication du chien est intervenue longtemps avant celle de toutes les autres espèces domestiques actuelles. Elle précède de plusieurs dizaines de milliers d'années la sédentarisation et l'apparition des premières fermes agricoles.

Les chiens sont issus du Loup gris (Canis lupus) domestiqué à plusieurs endroits du monde.

L'identité exacte de l'ancêtre du chien a longtemps été un mystère. Des scientifiques subodoraient que les chiens provenaient d'un croisement entre des loups et des chacals.

Les progrès récents ont finalement permis d'établir que le chien est plus proche génétiquement des sous-espèces actuelles de Canis lupus (Loup gris) avec lequel il partage 99,9 % de son ADN.

En 1997, une comparaison de génome sur 300 échantillons appartenant à la lignée des chiens domestiques actuels et à la lignée des Loups gris a montré, que ces lignées s'étaient séparées il y a 35 000 ans.

La découverte d'une lignée de loup aujourd'hui éteinte : le loup Taïmyra est à l'origine de la divergence entre le loup et le chien. Il y a 27 000 ans la séparation devint totale.

La relation entre humains et canidés sauvages est très ancienne. Des restes de loups ont été retrouvés en association avec ceux d'hommes il y a 400 000 ans.

Les chasseurs-cueilleurs et les loups avaient plusieurs points communs : ils appartenaient à des espèces sociables, ils partageaient le même habitat et ils se nourrissaient des mêmes proies.

Des études ont montré que les louveteaux capturés tout jeunes et élevés par des hommes s'apprivoisaient et se socialisaient facilement, d'autant plus qu'ils dépendaient de leurs maîtres pour leur alimentation.

Cela n'explique toutefois pas leur domestication, puisque ces louveteaux demeuraient des loups. Pour cela l'homme fit s'accoupler des loups domestiqués et commença à en faire l'élevage.

Ainsi naquit le Canis Lupus Familiaris, autrement dit le nom scientifique de votre chien. Et ce quelle que soit sa race.

En sélectionnant les chiens et en les croisant en fonction de leurs aptitudes et de leurs physiques : le plus petit avec le plus petit, celui court sur pattes avec son semblable, le museau le plus plat avec un autre museau plus plat, le plus rapide avec le plus rapide, le plus agile avec le plus agile, les poils longs avec les poils longs…

Il est extrêmement important de savoir que tous les ascendants de nos amis chiens ont commencé leur existence par une évolution commune même si ce fut en combinant des caractéristiques précises.

Par ailleurs, des groupes de chiens errants ont constitué des populations canines plus ou moins indépendantes de l'homme et distinctes des chiens domestiques. Ils sont toujours restés semi-sauvages. Attention par exemple en Inde ou ils pullulent. Ils ne peuvent pas retourner à la vie sauvage et ils ont donc une vie à part et représentent un danger.

Pourquoi est-ce important de comprendre le parcours génétique du chien ? Le Canis Lupus (le loup) est le Canis Lupus familiaris (le chien) ont des comportements de base identiques.

Les aspects instinctifs de nos chiens sont identiques à ceux du loup. En connaissant l'étiologie vous pourrez affiner votre méthode d'éducation canine.

La Staffie est né du croisement entre les anciens Bull-and-Terrier et l'Old English Terrier. Il a été sélectionné comme chien de combat dès les années trente.

L'histoire de ses ancêtres molosses et dogues remonte aux jeux du cirque sous César. Au Moyen Âge son ancêtre le Bandog, montrait des qualités de mordant appréciées par les bouchers. Les bouchers lui ordonnait une prise sur le mufle d'un taureau sauvage afin qu'il puisse le saigner. C'est ensuite l'escalade avec l'organisation de spectacles de combats d'animaux.

Le nom de Bull-dog fut donné aux chiens affrontant les taureaux, ces combats étant nommés eux-mêmes, « Bull Baiting ». Ces spectacles étaient tellement prisés que pratiquement chaque ville avit un lieu dédié à ces combats, les « Bull-ring ». Toutes les classes sociales Anglaises se passionnaient pour ce sport et beaucoup d'argent était alors parié.

Au cours des XVI et XVII siècles pour le plaisir du roi, on construit un lieu officiel, « le Bankside Bear Garden » ou furent élevés et produits les meilleurs combattants. Parmi les adversaires auxquels ces Bull-dog étaient confrontés, il y avait des taureaux, des ours, des ânes, des sangliers, et quelques fois des lions et des panthères.

En 1802, une action fut intentée afin de rendre illégaux ces jeux violents, malheureusement ce sont les Bull-dog qui devinrent la cible de la presse et de l'opinion publique.

En 1835, sous la pression d'associations de protection des animaux et de la reine d'Angleterre, les Bull Fighting furent déclarés officiellement illégaux et les organisateurs poursuivis.

Cependant il faudra attendre plusieurs années avant de voir complètement disparaître ces combats, le dernier fut organisé en 1853.

Malheureusement dans l'Angleterre du XIX siècle, l'industrialisation va provoquer un exode rural rapide vers les villes, et le passe-temps préféré des hommes, sera de boire de la bière dans les pubs, mais aussi de parier sur les combats de chiens faciles à organiser dans l'arrière-salle des pubs que les traditionnels « Bull Baiting ».

L'esprit de lutte des Bull-dog ne satisfait pas tout à fait les spectateurs de ces combats qui les trouvent trop lents, trop lourds, pas assez endurants, en fait inadaptés à ce genre de sports.

D'un autre côté existe des Terriers dont certains pèsent quatre kilos et d'autres plus de dix. Old Black and Tan, Old White, Fox et autres sont les premiers chiens de fosses. Petits, agiles, vifs et agressifs, on les voit détruire nombre de rongeurs au cours des « Rat Killing Matches », des spectacles extrêmement populaires aux XVIII et XIX siècles, donnant lieu à d'important rassemblement de parieurs. L'objectif de ces « Rat Killing » était que le chien tue un maximum de rats, dans un minimum de temps.

Un éleveur eut l'idée de croiser Bull-dog et Terriers, et de produire un chien alliant puissance, souplesse, mobilité, endurance et courage. De plus, ce chien très attaché à son maître, était capable d'aller au bout de ses forces pour lui faire plaisir.

Ce type de chiens baptisé, Half and Half ou Bull and Terrier ou English pitbull ou Sporting bull-terrier est l'ancêtre du Staffordshire Bull-Terrier. Il est particulièrement populaire dans les régions du « Black Country » et de Londres, mais plus généralement sur l'ensemble des bassins industriels.

La sélection a été entamée à partir de Bull and Terriers courts et trapus, particulièrement dans la région du Staffordshire.

C'est en 1934 qu'un éleveur, Joe Dunn, propose de faire reconnaître la race. Cette idée n'est pas forcément du goût des puristes qui pensent que cette reconnaissance ne peut que dénaturer leurs Bull & Terrier.

Joe Dunn organise début de l'année 1935 avec l'autorisation du Kennel Club une exposition ou 27 représentants de la race seront présentés et jugés par Fred Holden. Parmi eux fut présenté « Jim The Dandy », un mâle bringé noir de 13 kg et de haute qualité qui servira à la rédaction du standard.

Le club sera créé en 1935 et la race homologuée par le Kennel Club le 15 juin de la même année. Le 17 août 1 935 fut organisée la première exposition officielle avec 60 participants et remportée par « Jim the Dandy ». Dès l'année de création du club seront inscrits 174 chiens au Stud Book. « Gentleman Jim » et « Lady Eve » seront les premiers Champions d'Angleterre en 1939.

STANDARD DE RACE

Le Staffordshire Bull-Terrier est un chien musclé, de type molossoïde, actif, souple, d'un grand courage et d'une grande ténacité. La tête est courte, profonde, avec le crâne large. Les masséters sont très prononcés ; le stop est marqué. Le museau est court ; la truffe doit toujours être noire. Les yeux, de préférence foncés, ronds et de grandeur moyenne, sont disposés de façon à regarder droit devant. Les oreilles peuvent être mi-dressées ou bien en rose : elles ne doivent être ni grandes ni lourdes. Le tronc est compact, avec une ligne supérieure droite, le thorax profond et descendu, les côtes bien cintrées. Les membres sont droits et d'aplomb ; les pieds antérieurs légèrement déviés. La queue, de longueur moyenne, est attachée bas : large à la base, elle se rétrécit vers l'extrémité sans s'enrouler et conserve la forme du manche d'une pompe à eau.

Le poil est lisse, court et épais. Les couleurs admises sont le rouge, le fauve, le blanc, le noir ou chacune de ces couleurs avec le blanc. Quelques taches bringées sont également admises tout comme le bringé avec du blanc. Le noir et foie et le noir et feu ne sont pas des couleurs autorisées, tandis que le bleu est seulement toléré.

Le Staffie mesure de 35.5 à 40.5 cmpour un Poids : 12.5 à 17 kg pour le mâle et 10.8 à 15.4 kg pour la femelle

Le Staffie est un chien à poil lisse, bien proportionné, d'une grande force pour sa taille. Musclé, actif et agile. Traditionnellement d'un courage et d'une ténacité indomptables. Extrêmement intelligent et affectueux, en particulier avec les enfants. Hardi, intrépide et parfaitement digne de confiance.

Les chiens de race ont des caractéristiques mentales et de caractères, des spécificités physiques typiques et des aptitudes particulières, qui sont décrites avec précision dans un document officiel : le Standard de Race.

Le Livre des Origines Français regroupe environ 400 races de chiens homologuées par la Fédération Cynologique Internationale.

Le Pedigree ou LOF peut être considéré comme le passeport du chien de race pure. On peut remonter jusqu'à 4 générations grâce à ce document. En France, c'est la Société Centrale Canine qui gère et délivre les pedigrees.

Le pedigree remplace le certificat de naissance et s'obtient après avoir présenté votre chien à l'examen de confirmation entre 12 à 15 mois, selon les races., en général à partir de 15 mois, je conseille 18 mois, voir 21 mois.

Lors de l'examen de confirmation au LOF, un juge confirmateur agréé examine la conformité morphologique de votre chien au standard de sa race et évalue son comportement, puis il vérifie son aptitude à reproduire des chiens de race et à contribuer à l'amélioration de la race. Les mâles doivent avoir deux testicules d'aspect normal complètement descendus dans le scrotum.

Il n'y a pas d'âge maximum. Il n'y a pas de limite. Si vous avez l'impression que votre chien est encore un peu juvénile, laissez passer quelques mois avant de le présenter.

Vous éviterez ainsi un ajournement, que le juge peut demander, pour attendre son épanouissement.

Les futurs chiots du chien avec pedigree seront pré-inscrits au L. O. F, et il faudra les faire confirmer. Les séances de confirmation sont organisées par les Sociétés Canines Régionales lors des expositions canines ou par les Clubs de race.

À noter que les confirmations ouvrent un droit d'inscription que vous devez acquitter.

À la suite de la présentation, et si le chien est confirmé, vous devrez envoyer le carnet LOF à la SCC avec le document de la validation de la confirmation qui vous est remis sur place. Parfois l'attente de retours du document est longue.

Le LOF vous donne la certitude de trouver un Chien dont les qualités et les attributs sont ceux de sa race.

Pour la France vous trouverez le standard de race en vous rendant sur le site de la société centrale canine qui vous dirigera vers le club de la race.

L'attestation de vente est obligatoire pour un chien LOF. Ce contrat, signé par le vendeur et l'acheteur, doit mentionner : la date de vente, l'identité du chien, le prix, l'adresse des vétérinaires choisis par les parties en cas de litige. Elle précise l'inscription provisoire ou définitive du chien au L. O. F.

Votre vendeur ayant inscrit provisoirement votre chien au L. O. F. recevra le Certificat de Naissance qu'il devra vous transmettre.

La Puce électronique est obligatoire pour les chiens LOF. L'immatriculation des carnivores domestiques est exigée en France dans un certain nombre de situations : Avant la cession (même gratuitement, et même entre particuliers), pour les chiens de plus de 4 mois et au-delà, pour certifier la vaccination antirabique, pour les passages transfrontaliers etc.

La Puce électronique est également précieuse pour

retrouver son compagnon en cas de fugue et pour établir qui est le propriétaire de l'animal.

Pour les maîtres se déplaçant à l'étranger, la puce inclut l'information nécessaire pour identifier le pays d'origine et contacter le bon fichier.

De la taille d'un grain de riz, le transpondeur ou puce électronique est un composant enrobé de verre biocompatible. Il est glissé sous la peau du chien par le vétérinaire, à l'aide d'une forte aiguille. Cet acte médical se réalise, selon le cas, avec ou sans anesthésie.

La lecture s'effectue à l'aide d'un appareil spécifique, promené sur le chien. Le numéro s'inscrit sur un écran à cristaux liquides. Cette vérification sera faite plusieurs fois durant la séance de confirmation, et à chaque fois que vous présenterez le chien chez un nouveau vétérinaire, et aussi en concours de beauté ou de sport canins.

La durabilité de l'implant est supérieure à la durée de vie de l'animal. L'information qu'il contient est infalsifiable. Le numéro attribué est unique et correspond à un seul animal, sans confusion possible. Les coordonnées du détenteur sont centralisées dans le pays d'implantation, auprès d'un organisme agréé par les autorités locales.

Lorsque le chien est déplacé de manière définitive dans un autre pays, son enregistrement doit se faire à nouveau dans le pays d'accueil.

En France, cet enregistrement s'effectue auprès d'un vétérinaire. Les déplacements courts (vacances) ne nécessitent pas une démarche spécifique.

À l'inverse, les travailleurs transfrontaliers et les voyageurs partageant leur temps entre deux pays gagnent à faire enregistrer leur animal à titre complémentaire dans le second pays fréquenté.

L'accès aux renseignements du fichier est autorisé aux seuls vétérinaires, membres des forces de l'ordre, municipalités et gestionnaires de fourrières, moyennant un code d'accès professionnel.

Placé sous la peau, le risque existe que le découvreur d'un animal errant n'ait pas l'idée de la présence d'un transpondeur électronique. Cet inconvénient peut aboutir à une adoption spontanée par un particulier (appropriation) ou au placement (illégal) auprès d'un foyer d'accueil alors que le circuit d'adoption réglementaire est légalement géré par les Sociétés de Protections Animales et assimilées. De tels placements illégaux, réalisés le plus souvent de bonne foi, peuvent aboutir à une lecture très différée de la puce électronique. Attention les trafics sont fréquents.

Certains vétérinaires ne font pas systématiquement la lecture de la puce, à chaque première présentation d'un animal dans leurs cabinets. Dans ce cas, il faut éviter ces professionnels, car ils ne font pas bien leur métier.

Lorsque la puce est identifiée fausse ou absente au détour d'une consultation, le vétérinaire doit en informer le détenteur qui a présenté l'animal à sa consultation. Il peut l'aider à retrouver le propriétaire légitime, mais sans pouvoir le rechercher lui-même de sa propre initiative.

Les fichiers des différents pays ne sont pas interconnectés. Aussi, les voyageurs se rendant régulièrement dans un même pays étranger ont-ils intérêt à enregistrer à titre complémentaire leur animal dans le fichier de ce pays.

Nous nous avons la chance en France, que n'ont pas d'autres pays européens, de pouvoir utiliser simultanément deux systèmes d'enregistrement le tatouage et la pose d'une puce électronique c'est sans aucun doute le meilleur moyen de pouvoir retrouver son animal de manière rapide. Je vous recommande de bien faire les deux, les jeunes chiots font l'objet de vols.

S'il faut choisir, le transpondeur est très largement préférable au tatouage.

Il faut faire le tatouage dès le deuxième mois, à l'occasion du premier vaccin. Le tatouage est pratiqué par un vétérinaire ou par un tatoueur agréé par le Ministère de l'Agriculture. Ce praticien est responsable de la transmission de l'information au Fichier National Canin.

La carte d'identification du chien vous est obligatoirement remise par le vendeur ou l'éleveur. Réclamez ce document pour votre chien, c'est un document précieux.

Par la suite, en cas de changement d'adresse, un don, une vente, transmettez les modifications à la S.C.C. (pour la France uniquement) en utilisant la carte T, détachable de votre carte d'identification du chien. La S.C.C vous retournera gratuitement une nouvelle carte. C'est juste un peu long.

À l'examen de confirmation si la marche à l'allure n'est pas correcte, le juge peut également vous demander de faire procéder au contrôle des hanches par radiographie et ajournera votre chien jusqu'au retour du résultat.

L'expert-confirmateur va comparer votre chien au standard de sa race : mesurer sa hauteur, s'assurer que les dents sont bien placées, que la couleur des yeux et de la robe sont dans les tons souhaités, que la construction osseuse est conforme, que les testicules sont en place pour les mâles, que le caractère est équilibré, notamment que votre chien n'est ni passif, ni agressif.

Pour cet examen le juge doit pouvoir examiner les dents. Il est donc nécessaire d'avoir éduqué votre chien. Si vous fréquentez une école du chiot les éducateurs pourront vous aider dans cette préparation.

Les accouplements intervariétés en Retrievers sont interdits, sauf dans des cas bien particuliers, sur dérogations accordées par les commissions d'élevage nationales compétentes (texte 1974, Société Centrale Canine fait à Paris).

Le rôle historique du chien a été incontestablement celui de conducteur de troupeaux.

Son utilité d'origine a disparu peu à peu au profit d'emplois professionnels ou familiaux.

Sa fonction première attendue, en dehors du milieu professionnel, est d'être le chien de la famille, le compagnon de tous les jours et de tous les instants et souvent de monter la garde.

Nous allons tordre le cou immédiatement à une idée reçue qui consiste à séparer les chiens en lignée de famille et lignée de travail.

Les races dites de travail relèvent en France de la Commission d'Utilisation Nationale du Chien de Berger et de Garde (CUNCBG). Si vous voulez un chien de garde, il faudra le choisir dans les races ouvertes en utilisation.

Il existe trois notions clés en classement canin : les races, les catégories, les groupes.

Nous allons aborder les catégories qui classent la dangerosité des chiens.

Les chiens de catégorie 1 sont des chiens d'attaque qui sont le fruit de croisements et qui ne sont pas reconnus par le LOF (le livre des origines françaises des différentes races de chiens). Ils sont interdits dans les transports en commun, les lieux publics et les parties communes des habitations collectives. Ils sont autorisés sur la voie publique mais seulement s'ils sont tenus par une laisse et muselés. Depuis la loi de 2008, il est interdit d'acheter ou de vendre ces chiens. Toutefois, si un propriétaire détenait l'un de ces chiens avant 2010, il peut le garder en ayant un permis de détention et une carte d'identification. Le propriétaire doit toujours avoir les documents sur lui. Ce permis lui est accordé après une journée de formation à la suite de laquelle il a été déclaré apte à posséder ce genre de chien. La catégorie 1 des chiens - (telle que définie à l'article 211-1 du code rural) - est les chiens assimilables par leurs caractéristiques morphologiques aux chiens de race American Staffordshire terrier, type de chiens communément appelé « pit-bulls ». Les chiens assimilables par leurs caractéristiques morphologiques aux chiens de race Mastiff, communément appelés « boerbulls ». Je vous invite à lire mes guides sur les races et celui sur l'éducation du chien de garde.

Les chiens de catégorie 2 sont des chiens de garde et de défense, qui contrairement à la catégorie 1 sont reconnus par le LOF. Les propriétaires de ces chiens ont les mêmes contraintes administratives que pour les chiens de catégorie 1. Par contre, ils sont autorisés à circuler n'importe où, en compagnie de leur maître, à condition d'être muselés et tenus en laisse. Il s'agit de chiens LOF, American Staffordshire terrier, Rottweiler race Tosa et aussi tous les chiens assimilables par leurs caractéristiques morphologiques aux chiens de race Rottweiler ou Tosa, sans être inscrits à un livre généalogique reconnu par le ministre de l'agriculture et de la pêche. Je vous invite à lire mon guide sur l'éducation du chien de garde.

Les groupes, divise l'espèce canine en 10 groupes dans lesquels figurent des races ayant un certain nombre de caractères distinctifs communs.

Groupe 1 : Chiens de Berger et de Bouvier (sauf Chiens de Bouvier Suisses)

Groupe 2 : Chiens de type Pinscher et Schnauzer - Molossoïdes - Chiens de Montagne et de Bouvier Suisses et Autres Races

Groupe 3 : Terriers

Groupe 4 : Teckels

Groupe 5 : Chiens de Type Spitz et de Type Primitif

Groupe 6 : Chiens Courants, Chiens de Recherche au Sang et Races Apparentées

Groupe 7 : Chiens d'Arrêt

Groupe 8 : Chiens Rapporteurs de Gibier - Chiens Leveurs de Gibier - Chiens d'Eau

Groupe 9 : Chiens d'Agrément et de Compagnie

Groupe 10 : Lévriers

Seules les races suivantes sont habilitées au mordant et donc peuvent faire l'objet d'une éducation spécialisée : Airedale terrier, Berger allemand poil court, Berger allemand poil long, Berger blanc suisse a poil long, Berger blanc suisse a poil mi long, Berger de Beauce, Berger de brie fauve, Berger de brie noir - ardoise - gris, Berger de Picardie, Berger des Pyrénées a face rase, Berger des Pyrénées à poil long, Berger hollandais à poil court, Berger hollandais à poil dur, Berger hollandais à poil long, Border collie, Bouvier d'Australie, Bouvier des Ardennes, Bouvier des Flandres, Boxer bringé, Boxer fauve, Cane corso, Chien de berger belge Groenendael, Chien de berger belge Laekenois, Chien de berger belge Malinois, Chien de berger belge Tervueren, Chien de berger catalan, Colley à poil court, Colley à poil long, Doberman marron et feu, Doberman noir et feu, Dogue des canaries, Dogue majorquin, Fila de Saint Miguel, Hovawart, Kelpie Australien, Rottweiler, Schnauzer géant noir, Schnauzer géant poivre et sel, Terrier noir russe.

Ne soyez pas inquiets. Si vous lisez ce guide, que vous achetez votre chien dans un élevage recommandé par le club de la race, puis que vous suivez mes conseils pour le choix du chiot, TOUT SE PASSERA BIEN.

En fonction de comment vous vivez, une race de chien est faite pour vous. L'idéal est de trouver une race de chien qui corresponde le mieux à vos attitudes, vos attentes et votre style de vie.

Il est très important de choisir une race de chien en fonction de votre personnalité et de votre mode de vie, et non en fonction des seuls critères physiques ou de mode. C'est la seule façon d'acquérir un chien dont les relations avec vous seront équilibrées et harmonieuses et qui sera heureux à votre contact.

Les coups de foudre conduisent parfois à l'achat d'un chiot qui, devenu adulte, ne correspond pas du tout au maître ou à ce que celui-ci attend du chien. La vie avec le chien devient une contrainte que le maître essaie de gérer au mieux. Le chien qui supporte une vie qui ne lui correspond pas aura des problèmes de comportement. Et le plus malheureux sera que le maître abandonne son chien, ce qui est le plus commode, le chien ne pouvant pas abandonner son maître.

En fonction de votre mode de vie (habitat, temps de travail et disponibilité pour votre chien, finances, mode de vacances…), vous pouvez déterminer quelle race correspond à votre personnalité.

La raison doit avant tout primer. Être heureux avec son chien, c'est donc, avant tout, bien le choisir. Pour cela, il faut se connaître parfaitement.

Choisissez la race de chien qui vous plaît le plus et dont vous appréciez l'aspect, et dont vous pourrez assurer les besoins. Il ne faut pas suivre la mode et il faut bien connaître les caractéristiques physiques et de caractères de la race de votre futur chien.

Si vous voulez un chien de garde, vous vous orienterez vers des races de grande taille, fidèles et obéissantes. Vous choisirez parmi celles qui sont connues et largement employées à cet effet. Je vous invite à choisir dans la liste des chiens d'utilisation.

Si vous optez pour une race moins répandue, informez-vous bien sur ses aptitudes (chien de défense, d'assistance, de berger, de chasse et ainsi de suite) et sur l'utilisation que l'on en fait dans les pays d'origine.

Les chiens de berger ont besoin de faire de l'exercice. Les Dogs, Doberman, Rottweiler, ont besoin d'être canalisés, et un sport canin est fortement conseillé. Les races grégaires comme les caniches, les Shih-Tzu, les Bouledogues français, sont très adaptables.

Si vous travaillez toute la journée et disposez de peu de temps, ne choisissez pas de races de chiens qui réclament la présence d'un maître en quasi-permanence, prenez plutôt des races qui acceptent la solitude. Bien entendu vous pouvez progressivement éduquer un chien à la solitude, mais si c'est contre nature, vous observerez des problèmes de comportements.

Si vous avez des enfants en bas âge, cherchez une race de chien qui accepte une éducation pointue, et surtout surveillez en permanence.

Les chiens de race coûtent cher à l'achat, et tous les chiens coûtent cher à l'entretien, cet aspect doit être également pris en considération. Pensez aux vaccinations, aux soins, à la nourriture, à l'éducation et aux jouets.

Le chien, quelle que soit sa race, à besoin d'être socialisé. C'est pourquoi il est fondamental d'avoir du temps à consacrer à votre compagnon à quatre pattes. Cela ne suffit pas de le promener cinq minutes trois fois par jour : il faut jouer avec lui, trouver le moyen de le faire participer à votre vie. Et surtout, c'est indispensable, il doit rencontrer des copains et des copines, l'idéal et d'opter pour une école du chiot. Tous les problèmes de comportement canin proviennent d'une mauvaise socialisation.

Même s'il existe des races plus sédentaires que d'autres tous les chiens ont besoin de courir en plein air, et le temps sera en fonction de la race.

La Méthode de Benjamin et Lynette Hart qui sont des Américains, proposent ce classement pour vous aider à choisir votre chien, cette classification s'adresse aux novices pour un premier chien.

1. Agressivité très élevée, réactivité très faible, prédisposition au dressage très faible : Bergers Belges, Bergers Allemands, Doberman, Rottweiler.

2. Agressivité très élevée, réactivité élevée, prédisposition au dressage moyenne : Fox-Terrier, Basset, Chihuahua, Schnauzer nain, Scottish Terrier.

3. Agressivité élevée, réactivité faible, prédisposition au dressage faible : Saint-bernard, Dalmatien, Danois, Boxer, Lévrier afghan.

4. Agressivité moyenne, réactivité élevée, prédisposition au dressage très élevée : Caniche miniature, Caniche nain, Barbet, Springer, Bergers Belges.

5. Agressivité moyenne, réactivité élevée, prédisposition au dressage faible : Pékinois, Cocker, Setter irlandais, Beagle.

6. Agressivité faible, réactivité élevée, prédisposition au dressage élevée : Labrador, Golden Retriever, Terre-Neuve.

7. Agressivité très faible, réactivité très faible, prédisposition au dressage faible : Bobtail, Basset Hound.

Si vous êtes seniors, un chien de compagnie sera pour vous un vrai bienfait, il vous apportera du bonheur et de l'énergie. Il satisfera votre besoin de contact, améliorera la qualité de votre vie et comblera si besoin votre manque affectif Les grandes races ne sont pas recommandées. En effet, un grand chien augmente le risque de mauvaise chute. De plus, avec l'âge et une mobilité un peu réduite, si votre chien est vif et si votre autorité est insuffisante, il ne sera pas simple de parvenir à garder la maîtrise d'un grand chien. Les petites et moyennes races sont plus adaptées. Un chien plus petit apportera autant de satisfactions et montera aussi bien la garde qu'un grand chien. Mais il sera surtout plus simple à gérer, à entretenir et à promener.

La plupart des petits et moyens chiens ont un caractère très agréable, joueur et docile.

Si votre Staffie est LOF sa CLASSIFICATION F.C.I. est Groupe 3 Terriers. Section 3 Terriers de type bull. Sans épreuve de travail.

Le Staffordshire bull-terrier, aussi nommé Staffie, est originaire du Royaume-Uni. Son standard FCI est enregistré sous le numéro 86. Un Staffordshire Bull-Terrier non confirmé est un chien LOF – la confirmation n'étant obligatoire que pour la reproduction, mais c'est un sujet à contestation, donc faite confirmer votre Staffie.

L'Amstaff LOF est considéré en France comme chiens de catégorie 2 (chiens de garde et de défense), et il requiert un permis de détention de chiens dits susceptibles d'être dangereux. Le Staffie LOF lui en est exempt.

Par contre les Amstafs et Staffies non LOF intègrent la 1ère catégorie.

À PROPOS DU MAÎTRE

Le maître doit veiller à ce que son chien ait la place qu'il doit avoir dans la famille.

La famille devient pour le chien la représentation de la meute. Le rôle du chien dans le clan est important. C'est au maître de fixer la hiérarchie.

Sachez qu'entre douze et quatorze mois votre chien fera certainement une crise d'adolescence et voudra se mesurer à son maître. Enfin, des chiennes en période de chasse modifient le comportement des mâles, cette situation demandera de l'attention. Je vous invite à lire le chapitre sur les moyens de contraception définitifs ou réversibles.

La majorité des problèmes de comportements canins viennent de ce que le chien n'est pas à sa place au sein de la famille qui est une représentation de la meute, mais aussi soit d'une éducation trop ferme, soit d'une éducation trop molle.

Le maître, doit apprendre à interpréter intelligemment les codes de communication du chien qui de son côté cherchera à interpréter les codes du maître, voir à les anticiper.

Si vous avez des enfants, il est indispensable qu'ils connaissent les positions d'apaisement du chien. Aussi il faudra leur expliquer les limites de l'interaction avec le chien.

Le maître devra parfaire sa relation avec son chien et l'entretenir. Nous verrons que le chien à vocation à prendre des initiatives selon des codes bien précis.

Le maître doit toujours veiller à la qualité des professionnels qui l'accompagne. Dans un club les personnes bénévoles qui assurent l'éducation canine de l'école du chiot doivent être diplômées. Vous ne devez pas hésiter à demander quelles formations ils ont suivies et validées.

L'éducation du chiot coûte une adhésion en club environ 120 euros par an. L'éducation aux positions de fixation peut nécessiter des leçons individuelles à environ 15 euros par leçon, parfois les professionnels ou les clubs pratiquent des forfaits mensuels. L'éducation à la garde est spécifique et est plus onéreuse, environ une centaine d'euros par mois, pendant la durée de l'éducation qui varie de trois à huit mois, en fonction des attentes. Ces prix sont ceux observés au cours de l'année 2016 en région centre Val de Loire.

Il faut au minimum deux leçons semaines pour travailler les réflexes du chien. Il faut au minimum une vingtaine de leçons pour l'éducation de base. Il faut compter deux ans pour une éducation complète. L'éducation est progressive de l'âge de 8 semaines jusqu'à l'âge de 18 mois. Ensuite c'est de l'entretien et si possible un sport canin.

En club vous pourrez choisir, une activité canine si possible avec de l'activité aquatique, avec ou sans compétition, mais votre investissement devra être total.

Je définirais les qualités du maître ainsi : calme, passion, amour,   rigueur.

LES SIGNES D'APAISEMENT

Les signaux d'apaisement sont les canaux utilisés par le chien pour communiquer.

Le bâillement est l'un des signaux d'apaisement les plus courants et les plus fréquemment utilisés par le chien. Le chien baille avant tout pour se calmer lui-même. Il s'agit donc plus d'un signe d'auto apaisement, voire de relaxation. Bâiller permet au chien de se détendre.

Tourner la tête légèrement de côté quand vous le fixez dans les yeux, signale que le chien ne veut pas de confrontation, car le fait fixer dans les yeux peut être interprété comme un défi par certains chiens. Le chien tournera probablement sa tête, lorsque vous serez en colère, agressif et menaçant. Si vous lui mettez de la « pression » en vous penchant au-dessus de lui pour le caresser ou si vous rendez vos sessions d'éducation trop longues ou trop difficiles, votre compagnon pourra faire un mouvement très bref avec les yeux ou la tête uniquement quand vous lui parlez, ou encore rester avec la tête tournée de côté. Attention si le chien lors d'un reproche ne prend pas cette attitude cela voudra dire qu'il vous fait face.

Se lécher les babines : Est un signal utilisé fréquemment

dans des situations tendues. Il sera très souvent précédé d'un autre signal d'apaisement, tel que le bâillement, détournement de tête ou sentir le sol. Attention si le chien n'enchaîne pas c'est qu'il vous fait face.

Le reniflement de la terre : Cette attitude est souvent vue lors de la rencontre entre deux ou plusieurs chiens, ou à l'approche d'un congénère. Également dans les endroits bruyants ou encore devant des objets inconnus.

Uriner : Nous prenons souvent ce comportement comme un marquage alors que le chien tente d'apaiser quelqu'un ou de s'apaiser lui-même. Il ne faut pas le punir pour cela. Si ce comportement est associé à un détour. Le chien à peur. Le simple fait de prendre un ton plus enjoué fera cesser ce comportement.

Se gratter, se secouer : Dans une situation qui les met mal à l'aise, ou si le chien arrive dans un endroit inconnu, ou vit une situation nouvelle, vous verrez très fréquemment un chien se secouer ou se gratter. Il est très probable qu'à l'approche d'une personne inconnue ou stressante de par sa posture physique, le chien se retourne et se gratte, ou se secoue juste après le premier contact. Cela sert à son propre apaisement ou à l'apaisement des vis-à-vis. Attention si le chien n'enchaîne pas c'est qu'il va faire face.

Marcher lentement : Est un signal typique d'apaisement, le chien est mal à l'aise et cherche à vous calmer. Votre chien vient-il très lentement quand vous l'appelez ? Oui… ? Alors dépêchez-vous de changer la tonalité de votre voix. Il peut également faire cela lorsque vous l'attachez et à chaque fois que vous le rappelez. C'est une position qui indique qu'il n'aime pas quelque chose et il vous le reproche. Il n'y a aucune agressivité dans ce signal.

Se déplacer au ralenti : A pour but de calmer quelqu'un. Le chien le fait souvent en détournant le regard ou en levant la patte, avec un air mal à l'aise. L'homme interprète souvent mal cette attitude et s'énerve encore plus lorsque le chien traîne derrière lors de la marche au pied ou revient très lentement. Pourtant, plus nous allons appeler le chien de façon insistante, voire énervée ou agressive et plus il va ralentir. Il y a lieu de porter une attention toute particulière à cette attitude lors des cours d'éducation… il se peut que le chien soit fatigué et vous le montre de cette manière. Il pourra arriver vers vous en faisant un (des) détour(s).

Arriver en faisant un (des) détour(s) : Si lorsqu'il est en laisse votre chien souhaite faire un détour à l'approche de quelque chose d'inquiétant pour lui - homme/animal/objet -, mais pas forcément pour vous, laissez-le faire. Les chiens ne s'approchent jamais des étrangers de face, cela est considéré comme une menace dans leur langage. Faire des détours face à un congénère ou un humain, permet au chien de montrer qu'il n'a aucune mauvaise intention envers lui. Attention de bien lire ce code, car si le chien arrive droit cela indique que le chien souhaite l'affrontement.

S'asseoir : Si votre chien s'assied systématiquement lorsque vous lui demandez de vous obéir, il faut impérativement prendre un ton moins menaçant pour interrompre clairement l'agression, le stress ou la peur.

Se retourner : Le chien tourne le dos à l'objet ou la personne qui le menace pour montrer qu'il n'a aucune intention agressive, et il fait de même si le comportement de son vis-à-vis le dérange ou l'inquiète. Selon la situation, il peut également le faire pour montrer son manque d'intérêt, voire son dédain face à quelqu'un. L'humain peut facilement reproduire cette attitude en se retournant lorsqu'un chien lui saute dessus, et ainsi lui montrer que cette attitude le dérange.

Se mettre sur le dos : si le chien se roule sur le dos en exposant son ventre et sa gorge et qu'il a les oreilles couchées en arrière, la tête sur le côté, les yeux à moitié fermés, le front lisse, ainsi que la queue ramenée sur le ventre, il s'agit d'une attitude de soumission absolue.

Sternum à terre - fesses en l'air : c'est une attitude de

demande de jeux.

Pour avoir une communication avec leur entourage direct, les chiens ont un langage essentiellement corporel, à travers lequel ils utilisent la posture du corps entier, les oreilles, la queue, la tête, le regard et les mimiques faciales. En additionnant et en combinant les signes avec lesdites parties de leur corps, ils vont demander un contact social, faire un appel au jeu, reconnaître un supérieur hiérarchique ou encore menacer.

Malheureusement, la plupart des maîtres interprètent souvent à tort le langage corporel du chien et le comparent aux attitudes humaines.

Le fait de pouvoir décoder correctement les messages évitera les incompréhensions.

Apprendre à comprendre le langage de votre chien entraîne des sensations nouvelles et des plaisirs insoupçonnés dans votre relation avec votre chien.

Il est très important de toujours garder à l'esprit qu'il s'agit d'une interprétation de leur langage, et qu'en aucun cas, on ne peut être convaincu de l'exactitude des déductions. L'humilité et le respect sont donc de mise, avant de tirer des conclusions trop hâtives.

Enfin sachez que le chien qui n'est pas compris utilisera son dernier recours, à savoir une réaction défensive pour se protéger (morsure). N'oubliez pas l'étiologie, le chien descend du Loup.

Les signaux d'apaisement ont pour but de diminuer et de prévenir l'agressivité, le stress et la peur. Ils permettent l'installation d'une relation de confiance, de sécurité et de compréhension mutuelle entre chiens et maître.

LES POSTURES

La posture indique assez précisément l'état émotionnel et les intentions du chien.

Dans la posture de tranquillité, la queue est portée haut, les oreilles sont pointées vers l'avant, le port de tête est haut. Tous ces signes révèlent le chien bien psychologiquement.

Dans la posture de défi, la queue est raide et immobile, les poils de l'échine dorsale sont dressés, les oreilles sont tendues vers l'avant, la gueule est entrouverte laissant apparaître les crocs, et la position bien campée. Tous les signes indiquent que le chien a l'intention de vous soumettre ou soumettre son adversaire. Stoppez immédiatement le chien.

Dans la posture de menace craintive, la queue est basse, les oreilles sont couchées, la gueule est largement ouverte, tous les poils sont dressés. Le chien menace mais sans assurance, tous les signes indiquent la peur. Quand un chien menace de cette sorte il va assurément mordre.

Dans la posture de menace assurée, la queue est portée haut et agitée, les oreilles sont vers l'avant, le regard est fixe, autant de signes qui révèlent une tentative de domination sur un rival ou sur vous.

Dans la posture de complète soumission, la tête est basse, les oreilles sont légèrement couchées, la queue est baissée.

CHOISIR SON CHIOT

Je vais d'abord, parlez de vous, futur maître, avant de vous livrer un lot de conseils sur le choix de votre chien La petite boule de poils, c'est tout beau, tout mignon. Êtes-vous sûrs de votre choix ?

Un chien c'est pour 12 à 14 ans de vie commune avec un compagnon.

Êtes-vous joueurs — pas de poker ou de roulette russe — mais de balle, ou de Frisbee. Le jeu est le secret pour établir une connivence avec votre chien. Si vous associez le jeu et la récompense alors ce sera gagné. Mais attention, l'usage de la récompense est un art. L'objectif n'est pas d'avoir un chien dépendant à la croquette.

Je vais faire des grincheux, mais un chien ne s'achète pas en animalerie, et surtout pas chez un particulier non déclaré comme éleveur et qui aurait de magnifiques chiots sans LOF. L'élevage est depuis janvier 2016 réglementé. C'est une affaire de professionnels.

Nous allons tordre le cou une fois de plus à une idée reçue. Un chien dominant cela n'existe pas. Le chien réagit à un phénomène de meute, il ne sera jamais dominant ou soumis, il évoluera dans une palette de comportements en fonction du contexte et de son caractère. Par contre un chien peut avoir plus ou moins de caractère, être plus ou moins craintif ou insociable. Un test vous aidera à comprendre le caractère du chiot, et l'éducation jouera alors pleinement son rôle.

Un chien garde doit avoir du caractère, avoir une tendance à l'autonomie, voire à l'indépendance.

Vous devez visiter le site du club de la race. S'il y a une portée elle est annoncée sur le site. Et seul les élevages sérieux qui se conforment à l'orientation du club de race, sont référencés. Une fois repéré la portée, il faudra sur le site du club regarder la cotation des chiens reproducteurs de l'élevage, mais aussi les cotations en général des chiens de l'élevage. Je vous conseille vivement de contacter le club de race.

Vous devrez visiter l'élevage, il ne faudra pas décider avant, et surtout pas par téléphone. Vous prendrez rendez-vous pour une visite.

Lors de la première visite de l'élevage, faites confiance à votre instinct, soyez observateurs, questionnez l'éleveur. Avec ce livre vous saurez déjà beaucoup de choses. Vous allez vivre de dix à quatorze ans, avec votre compagnon. Voyons, c'est sérieux.

C'est très intime. Vos enfants joueront avec votre chien. C'est essentiel que votre chien soit sociable. Attention, avec un enfant ne perdez jamais le chien de vue. Quelle que soit la race du chien cette règle est essentielle.

Pour choisir votre chiot il y a le test comportemental élaboré par le psychologue William Campbell à la fin des années soixante, qui a été créé pour prévoir les tendances comportementales des chiots soumis aux ordres et à la domination (physique et sociale) de l'homme.

Son but est d'aider un acquéreur potentiel à choisir, à l'intérieur d'une portée, le sujet le plus adapté au milieu et à la famille dans lesquels il est appelé à vivre.

Le test de Campbell est très utile si l'on n'attend pas d'autres résultats que ceux prévus à l'origine par ce test : ce n'est ni un test d'intelligence ni un test d'aptitude, et l'on ne peut donc pas considérer qu'il va nous fournir des indications allant dans ce sens.

Dans quelques cas seulement, avec des races au caractère très particulier – comme le Chow-Chow –, le test de Campbell ne donne pas de résultats fiables.

Le test se fait entre quarante à cinquante jours, il dure une demi-heure. Dans un lieu isolé, tranquille, n'offrant aucune distraction, et clos. Il doit y avoir une entrée parfaitement identifiable. Il est indispensable que ce lieu, situé à l'extérieur ou à l'intérieur, soit absolument inconnu du chiot.

Le futur propriétaire du chiot doit demander à exécuter le test lui-même. Le test permet de mesurer le futur lien chien - Maître.

Si l'éleveur vous dit qu'il a déjà soumis la portée au test, demandez-lui gentiment l'autorisation de le refaire vous-même. S'il refuse, à vous de juger l'éleveur. Sûrement sa notoriété est surfaite. Méfiez-vous des éleveurs qui refusent, ce n'est pas eux qui payent les pots cassés.

Vous prenez vous-même le chiot que vous envisagez et vous le conduisez dans une zone choisie pour le test. Cette zone est évidemment convenue avec l'éleveur.

Vous ne devez pas parler au chiot, ni l'encourager, ni le caresser. Si le chiot fait ses besoins pendant le test, ignorez la chose et ne nettoyez l'endroit que quand le chiot sera parti.

Attraction sociale : Posez délicatement le chiot au centre de la zone de test et éloignez-vous de quelques mètres dans la direction opposée à celle de l'entrée. Accroupissez-vous ou asseyez-vous en tailleur et tapez doucement dans vos mains pour attirer le chiot, il doit vous rejoindre.

Aptitude à suivre : Partez d'un point situé à proximité du chiot et, éloignez-vous du chiot en marchant normalement.

Le chiot doit vous suivre tout de suite.

Réponse à la contrainte : Accroupissez-vous, retournez délicatement le chiot sur le dos et maintenez-le dans cette position pendant 30 secondes environ en laissant votre main sur sa poitrine. Le chien se rebelle puis se calme et vous lèche.

Dominance sociale : Baissez-vous et caressez doucement le chiot en partant de la tête et en continuant par le cou et le dos. Le chiot se retourne et vous lèche les mains.

Dominance par élévation : Prenez le chiot sous le ventre en croisant vos doigts, les paumes des mains vers le haut. Soulevez-le légèrement du sol et maintenez-le ainsi pendant 30 secondes environ. Le chiot se rebelle puis se calme et vous lèche les mains.

Le test complet est modulable, en fonction des réponses, je vous ai donné les meilleures réponses du chiot.

Certains chiots ont tendance à réagir d'une façon agressive et pourraient même mordre. Ils ne conviennent pas à une famille avec des enfants ou des personnes âgées, car ils ont trop de caractère et sont à réserver à un maître averti qui veut faire de l'activité canine.

Certains chiots ont tendance à se faire valoir, sans toutefois atteindre des excès. Ils ne sont pas recommandés dans les familles où vivent déjà des enfants en bas âge ou d'autres chiens du même sexe.

Certains chiots, sont extrêmement soumis, et devront recevoir beaucoup de douceur et de gratifications pour avoir confiance en eux et parvenir à s'adapter le mieux possible au milieu humain. Ils cohabiteront difficilement avec des enfants.

À vous de situer le chiot en fonction du test. Le chiot a répondu comme je vous l'ai indiqué, il est complètement équilibré et pourra s'adapter partout, même s'il y a des enfants ou des personnes âgées. Il a un degré élevé de docilité.

Comprenez que nous n'appréhendons pas la dominance qui est un facteur lié à la meute, mais bien la docilité et donc la facilité d'éducation.

Maintenant vous pouvez réserver votre bébé chiot. Vous poserez une option ferme et vous donnerez un acompte.

Une femelle ou un mâle. Un mâle ou une femelle ? C'est au choix. Considérez qu'un mâle à plus de caractère est inexact, chaque chien est influencé par ses gènes et son environnement. Les gènes sont connus si vous prenez une lignée avec un LOF, et que vous avez pris le temps d'observer les parents et les frères et sœurs. Ce sera à vous de créer l'environnement adéquat.

Vous viendrez voir l'évolution de la portée lors d'une deuxième visite dès que les chiots auront soixante jours. Vous pourrez vérifier que le chiot choisi est toujours équilibré, simplement en faisant quelques jeux. Soulevez-le, appelez-le, grattez-le, tous vos gestes seront d'abord un peu refusés, puis acceptés. S'il y a un problème là, alors entre les deux visites l'éleveur a rencontré une difficulté.

LES JEUX

Le principe du jeu avec le chien, c'est que tout le monde gagne, et le maître ne perd jamais c'est une règle absolue.

Tout ce qui compte c'est d'utiliser le jeu pour faire apprendre. Un comportement récompensé a tendance à se répéter et un comportement réprimandé par « **NON** » à tendance à décroître avec le temps et parfois disparaître.

Le renforcement positif est la base de l'apprentissage par le jeu. Gagner et perdre renforce votre obstination alors vous persistez et vous vous améliorez, et un jour vous devenez un champion.

Seulement, il faut gagner de temps en temps, sinon vous serez frustrés et vous abandonnerez. Soit on fera semblant de vous laisser gagner, soit on vous proposera des niveaux de jeu à votre portée, et ainsi la motivation suivra.

Les jeux de traction sont anodins est dérivé de la dispute pour un morceau de proie. C'est un jeu que le chien adore. C'est un jeu qui renforce le mordant, l'intensité de la prise en gueule. Si le chien essaye de vous mordre, le jeu de traction est immédiatement stoppé.

Attention avec certaines races comme l'Amstaff, il ne faut utiliser ce jeu.

Les jeux de rapports d'objets sont fortement conseillés pour les chiens. Vous lancez une balle. Le chien doit courir vers l'endroit où la balle est tombée. Ensuite vous lui apprendrez à rapporter la balle, puis à vous la donner et à aller la rechercher si vous la lancez à nouveau. Attention dès que votre chien s'énerve ou se prend au jeu, stoppez immédiatement.

Un anneau flottant, remplacera la balle de tennis pour jouer au rapport d'objet en milieu aquatique. Les chiens en général adorent jouer dans l'eau, ne les en privez pas, ils sont nés pour cela.

Le jeu de la balle jaune et de la balle rouge. Vous prenez une balle jaune, et une balle rouge. Vous insérez une friandise dans la balle jaune. Vous trouverez des balles et des jouets prévus pour insérer de la nourriture. Vous posez les balles à cinquante centimètres du chien et, dès qu'il s'en approche et pousse du nez la balle jaune vous annoncez : « Balle jaune » et vous récompensez le chien. Vous devez répéter 10 fois la procédure. Ensuite vous demandez : « Balle jaune » et, dès que le chien touche la balle, vous annoncez « Rapporte ». L'astuce est que si le chien rapporte vous extrayez la friandise et vous la lui offrez. Dès que le chien maîtrise le rapport de la balle jaune, vous enlevez la balle jaune et vous la remplacez par la balle rouge avec une friandise dedans. Suivez la même procédure en disant « Balle rouge » (au lieu de « Balle jaune »). S'ensuivent la récompense et les répétitions. Vient alors le moment crucial de la discrimination. Vous placerez les deux balles avec des friandises et vous demandez au chien « Balle jaune ». S'il rapporte la balle jaune, il est récompensé ; s'il rapporte la balle rouge, il n'est pas récompensé. Vous lui donnez, bien entendu, le droit à l'erreur. Recommencez la procédure jusqu'à ce que le chien ne se trompe plus. Ensuite, ajoutez un troisième objet, puis un quatrième, etc.

Les jeux de pistage. Vous demandez au chien un « Assis Pas Bouger » et vous vous éloignez en emportant sa gamelle que vous déposez à trois mètres. Ensuite, vous demandez au chien de trouver son repas en annonçant « Cherche ». Une fois que le chien a pris l'habitude, vous dissimulez la gamelle mais en laissant le chien voir la cachette. Ensuite vous dissimulerez de mieux en mieux le repas, tout en restant visible, n'oubliez pas l'ordre « Cherche ». Ensuite ce sera l'étape ou le chien ne vous verra plus cacher sa gamelle, et vous lui direz « Cherche ». Une fois que le chien joue avec plaisir à chercher sa nourriture, vous allez évidemment lui faire chercher, d'abord en les humant, des objets particuliers comme des vêtements, ou autres. Vous l'avez compris c'est la méthode utilisée pour les chiens de recherche (stupéfiant, personne disparue, personne recherchée…).

La procédure de jeu est toujours à la base de la procédure de travail professionnelle.

Je vous donne maintenant des jeux qui feront l'admiration de vos amis et vous permettront de faire faire le clown à votre chien et croyez-moi il adorera.

Fais le beau/la belle. Mettez le chien « assis », passez une friandise au-dessus de la truffe et montez votre main pour le faire se redresser jusqu'à ce que ses pattes avant ne touchent plus le sol, puis vous donnez la consigne « Fais le beau/la belle » et vous récompensez.

Danse. Une fois que le chien fait le beau/la belle, vous pouvez le faire tenir debout sur les pattes arrière, pendant quelques secondes, ensuite vous pourrez le faire marcher en avant, en arrière, puis tourner ou avancer à reculons. Allez-y doucement, très progressivement, et récompensez. Si le chien se trompe, il faudra descendre à un exercice de niveau en dessous le faire réussir et tenter le niveau au-dessus.

Fais le mort. Quand le chien est couché de tout son

long sur le côté sans bouger, dite « Fait le mort ». Répétez à chaque fois quand le chien est allongé de côté. Après une dizaine de répétitions, vous essayez quand le chien est debout à le lui demander. Surtout récompensez.

N'oubliez pas de répéter les conditionnements. Vous pouvez imaginer des tas de procédure d'apprentissage. Votre chien adorera, vous verrez il est très doué.

LE COMPORTEMENTALISME

Pour être un maître averti je pense qu'il vous faut une bonne connaissance de l'étiologie, mais aussi avoir de bonnes bases en comportementalisme canin.

Nos chiens s'ennuient et souffrent d'un manque d'activité. Dormir, boire, manger, être caressé, sortir en laisse pour une petite promenade résume la vie de beaucoup de nos chiens.

Génétiquement, instinctivement, un chien est programmé pour l'action. L'inaction le conduit souvent à avoir des problèmes de comportement et des troubles psychosomatiques. Ne pas répondre aux besoins de votre chien est une forme de maltraitance passive.

Nos chiens vivent des émotions, et ont des sentiments. Nous ne pouvons pas savoir exactement ce que ressent notre chien, mais nous pouvons l'appréhender, si le rapport que nous avons établi avec notre chien est de confiance et de connivence. En observant notre chien nous pourrons apprendre, tester puis anticiper. Il n'y a rien de mystérieux, c'est simplement de l'observation.

Le modèle hiérarchique est le modèle le plus répandu et le plus utilisé. Chaque comportement du chien est disséqué et interprété en termes de pouvoir et d'autorité. On parle de chien dominant et de chien soumis. Trop de dresseurs canins ont pour mot d'ordre de dominer le chien, et donc de casser son caractère. Vous voulez un chien, calme et équilibré, alors il faudra oublier la méthode forte. Pour votre chien n'utilisez pas cette méthode, vous allez trop perdre en annihilant la capacité innée du chien à l'anticipation, il deviendra une machine.

Parfois les perfides, pour ne pas s'avouer qu'ils sont violents et cruels, nomment l'éducation hiérarchique « débourrer un chien ». C'est malsain. Si le chiot est destiné à faire de la garde, laissez le mordiller des ballotins de tissus d'abord. Vous laissez le ballotin près du chien, naturellement il va mordiller, ensuite vous essayez de prendre le ballotin sans tirer juste en tenant, et surtout ne le réprimandez pas s'il grogne, c'est normal, son instinct s'affirme.

La seule voie, que j'ai toujours utilisée est le travail de communication avec le chien. Je vis en permanence avec quatre chiens, je parle en maître, en guide de sport canin.

Je ne suis pas un théoricien. Souvenons-nous de Descartes qui prônait l'animal robot, le monde canin a encore trop de théologiens radicaux. Faites donc le tour des clubs, et observez.

Les professionnels qui travaillent avec des chiens d'utilisation comme la Police, l'Armée ou la Sécurité Civile, sont le bon exemple. C'est de leurs méthodes dont je me suis inspirée, j'ai été militaire d'active et j'ai travaillé en zone de contact avec des chiens. Venez assister à un Challenge Inter Unité Cynophile comme celui qui se déroule à Blois si vous en êtes en France, vous comprendrez que le modèle hiérarchique est obsolète et proscrit.

Le chien respecte notre autorité pour que nous assurions sa sécurité et son alimentation. Et pourtant nous entendons encore « Mon chien est dominant car il obéit mal ! », « Mon chien obéit à mon mari, évidemment il crie ! » « Je suis tombé sur une lignée de travail… je n'y arrive pas ! ». Les balivernes de ce genre ne manquent pas. Non pas qu'elles soient fausses, mais la cause n'est pas le chien, mais le maître.

Il y a bien entendu une majorité de maîtres qui ont une bonne communication avec leur chien : ne généralisons pas. Seulement les refuges sont remplis de chiens abandonnés. Aussi le métier de comportementaliste canin se développe et ses professionnels ne sont pas toujours vétérinaires ce qui serait un moindre mal sauf qu'ils vous videront les poches généralement sans résultat probant.

Il ne faut pas essayer de guérir un chien de l'une des deux maladies du maître : l'autoritarisme ou la faiblesse.

Des chiens qui ont tous les droits, comme s'ils s'agissaient de princes développent des problèmes de comportement liés aux manques de repères et aux manques de limites. Je n'ai rien contre le « chien chien » à sa mémère sauf que le chien développera de graves problèmes de comportements comme l'agressivité et la destruction.

Il y a une méthode simple et efficace pour communiquer avec son chien. C'est par la connaissance que tout commence, par la pratique qu'il faut poursuivre, et c'est l'entraînement qui forge l'expérience.

Les comportements chaotiques et psychotiques, sont essentiellement liés à deux modes de communication avec le chien : autoritarisme et laisser faire.

La mode est aux personnes qui font des concours de beauté avec leurs chiens. C'est très bien, mais le chien n'est pas un mannequin. Un chien de beauté en représentation en régionale c'est très sympathique, sauf que la race exige aussi d'autres activités, je dis bien aussi. Car sinon je vais avoir du courrier, et être démasqué car je présente mes chiens en régionale.

Il faut répondre à tous les besoins du chien. Car sinon

nous n'aurons plus que des chiens dépendants comme des gosses de leurs parents. C'est juste irresponsable et c'est de cette situation que viennent les difficultés de comportement.

Les comportementalistes, parlent d'Hyper pour un chien qui tend vers l'hyperactivité. Et d'Hypo, pour un chien timide, peureux, qui refuse l'activité. Évidemment il s'agit de tendance, et il faut observer les modulations. En résumé les comportements « Hyper » et « Hypo », sont moins graves que les comportements chaotiques et psychotiques.

Un chien doit être équilibré. Mon guide vous propose d'être un maître averti en harmonie avec votre chien. Vous utiliserez en priorité la communication et l'activité comme base de la relation, en incluant l'autorité à bon escient et le câlin souvent.

L'ARRIVÉE DU CHIOT

Avant de voyager, vous avez réglé les dernières formalités, et vous avez été particulièrement attentifs aux vaccinations. Vous avez un carnet de santé, un livret des origines familiales, un carnet de vaccinations et une facture.

Pour votre voyage, sachez que le chiot est un être fragile qui va pour la première fois vivre ce qui est pour lui un drame. Alors soyez compréhensifs envers votre chiot.

Vous ferez une halte par heure. Vous avez de l'eau, une gamelle, du papier absorbant, deux serviettes, et une vieille chemise à vous.

Pourquoi vous demandez-vous ? Eh bien la chemise va beaucoup servir plus tard car elle sera imprégnée de votre odeur, et deviendra une ancre pour le chien.

Lorsque le chiot entre à la maison, il faut qu'il trouve un coin prêt pour lui. Il aura un panier avec un tapis moelleux. S'il vous plaît éviter l'osier car le chiot va déchiqueter et engloutir des morceaux. Vous aurez prévu deux écuelles si possible en acier et des jouets. Il devra y avoir deux types de jouets, pour s'amuser, et pour travailler.

Ne donnez pas de jouets en mousse ou en plastique que le chiot va détruire et dont il avalera des morceaux. Je préconise une balle ronde, une balle ovale et une barre en élastomère. Je ne suis pas sponsorisé, alors je m'autorise à vous conseiller la marque Kong qui est à mon sens la plus résistante et qui est ajourée pour mettre des friandises dans les jouets. Je renouvelle peu les jouets de mes quatre chiens en privilégiant la résistance.

Le poids des chiens pèsera à terme sur leurs articulations non protégées par du poil, et cela engendrera des calcites aux coudes des pattes. Offrez à votre chiot un coussin de panier très confortable et si possible avec une housse lavable.

Il ne faudra pas donner de suite ses jouets au chiot. Vous devrez attendre au minimum trois jours avant de jouer avec lui. Ensuite vous pourrez en laisser à la disposition du chiot.

Les jouets de travail vous les garderez pour l'apprentissage avec le chien. Cette procédure est la base de l'éducation du chien.

Le chiot en arrivant va devoir s'habituer à son chez lui et à sa nouvelle famille. Soyez patients, laissez le chiot prendre ses marques. Vous devrez attendre que votre chien soit en sécurité et se sente protégé avant de le solliciter.

À son arrivée, vous allez d'abord continuer les câlins. Puis doucement à son grès laisser le chiot explorer sa nouvelle maison. À ce moment-là, il y aura peut-être un besoin urgent. Faite comme si de rien n'était. S'il vous plaît ne montrez pas au chien que vous nettoyez, ne marquez pas le moment des besoins sinon vous augmenterez le temps que le chiot mettra à être propre.

Si vous avez un jardin, vous pourrez anticiper le moment du besoin urgent. Votre chiot sera très vite propre.

Le chiot fourrera son museau partout, laissez-le faire

pour qu'il puisse se familiariser avec son milieu. Comme il va à un moment faire une bêtise, votre première leçon d'éducation va commencer.

Vous devez savoir dire « **NON** » et de façon sèche. C'est très important.

Ne vous inquiétez pas, si vous devez répéter. Pendant les deux premières semaines, c'est juste un « **NON** » que vous répéterez autant de fois que nécessaire. Surtout il ne doit pas y avoir de punition.

Ne vous précipitez pas au moindre gémissement du chien, sous peine d'en faire un mauvais comportement.

Le chien vit sa vie, vous vivez la vôtre. Il y a un moment pour le jeu, un moment pour l'éducation, un moment pour le repas, des moments pour courir et d'autres pour se reposer. Ce n'est pas le chien qui décide.

Éviter l'accident en apprenant à bien soulever le chiot, mettez une main sur la poitrine, mettez l'autre main sous les fesses.

Après une semaine vous ne direz **« NON »** que deux fois. Si le chien continue, vous n'insisterez pas. Vous changerez de stratégie. Première leçon il ne faut pas crier. Deuxième leçon il ne faut jamais toucher le chien pour le contraindre.

Vous allez associer l'ordre **« NON »** à un bruit. J'ai choisi la bouteille d'eau en plastique vide que j'ai remplie de petits cailloux et que j'ai bien bouchonnée. Vous lancerez la bouteille à droite ou à gauche du chien en donnant sèchement l'ordre **« Non »**. S'il vous plaît ce n'est pas un jouet mais un outil d'éducation, alors ne donnez pas la bouteille au chiot. Je dis à droite ou à gauche et suffisamment loin de lui. C'est juste fait pour détourner son attention. L'erreur sera de toucher le chien avec la bouteille car vous le rendrez peureux.

Le chiot devra rester une semaine dans sa maison avec sa famille. Il ne devra pas rester seul car il serait désorienté et stressé. Et malheureusement votre chiot répondra à sa façon à son déséquilibre. Oui bien sûr il y a la propreté. Pensez-vous que le chiot fera dehors ? Essayez. Mais attention à ne pas exposer le chiot car son système immunitaire est inexistant pour l'instant.

Après une semaine, sortez et laissez le chien seul chez vous cinq minutes puis revenez. Félicitez-le, il est resté tranquille, il sera content de vous revoir. S'il a fait un besoin, ou une bêtise, faite comme si de rien n'était. Vous pourrez diminuer le temps, et mettre trois minutes. En général nous commençons par cinq minutes, puis dix minutes, faites-le tous les jours, et augmentez la durée. Le chien n'a pas la notion du temps. Mais, il a peur de l'abandon. Alors transformez la notion d'abandon en attente positive.

Plus tard, vous allez confier votre maison à votre chien. Alors ne loupez pas l'éducation de base.

À partir de deux semaines chez vous le chien devra sortir et là aussi vous devrez respecter une procédure. Pour sa première sortie le chien sera avec une laisse et un collier en cuir et surtout pas de collier étrangleur et encore moins de collier électronique.

Vous maîtrisez le premier commandement qui est le « Non ». Vous allez travailler l'ordre « Au pied ». Vous vous rendez dans un endroit calme et vous allez apprendre au chien à marcher à côté de vous. Commencez par mettre votre chien à votre gauche, puis commandez « nom de votre chien - au pied » et avancez la jambe gauche. Le mousqueton doit tomber librement, le chien doit avoir les épaules au niveau de votre genou. Le chien doit vous suivre mais pas vous devancer. Surtout allez-y doucement, vous ne corrigez pas le chien, vous lui apprenez. Ne vous inquiétez pas, il comprend.

Votre ordre sera toujours « nom de votre chien - au pied » et vous ramènerez délicatement le chien en bonne position. J'ai dit délicatement car c'est un chiot. Mais il a le droit de sortir, et en tout cas il ne doit pas apprendre un mauvais comportement. N'allez pas vous compliquer la vie, pour plus tard. Le chien est en apprentissage. Soyez compréhensifs. Avez-vous appris immédiatement ?

Pour l'instant limitez-vous à l'apprentissage de la marche en laisse. Et ne brûlez pas les étapes. Vous avez remarqué que nous avons commencé tôt son éducation.

Les sorties devront être progressives en durée et en complexité. N'exposez pas votre chiot au centre-ville un samedi aux heures de pointe.

Commencez par des balades en campagne, puis en ville dans un endroit protégé du trafic, puis petit à petit exposez le chien.

Tôt ou tard votre chien aura peur. S'il vous plaît n'ancrez surtout pas ce comportement. Faites comme si de rien n'était et continuez à marcher. Il ne faut jamais féliciter un chiot pour un comportement inadéquat.

Je vous résume ma méthode pour le chiot : l'ancrage et le renforcement positif. Rien d'autre.

Quand on désire un peu de tranquillité à la maison, on peut utiliser un enclos pour chiot. Le chien doit avoir un repère, c'est son panier. Il doit de lui-même s'habituer à s'y rendre. C'est son coin, vous n'avez pas le droit d'y aller.

Vous pouvez aussi avoir une cage de transport métallique. Il faut l'y habituer dès son plus jeune âge, en le mettant dedans.

Pour amener le chien à utiliser son panier puis à accepter sa cage de transport, il faut y placer au début un os à mâcher, de la panse à mordiller, des oreilles à lécher, et son jouet préféré mais surtout sous le coussin la chemise qui a été utilisée pour l'arrivée du chien et qui porte votre odeur.

Ne l'oubliez pas l'ancrage olfactif est une façon de rassurer le chien. Vous voulez l'habituer à rester seul un moment dans la voiture, à l'hôtel, chez des proches, chez des amis, il faudra utiliser l'ancrage olfactif pour que le chien reste serein. Bien entendu l'apprentissage est obligatoire, c'est de l'immersion puis de la répétition. Donc apprenez au chien, puis répétez.

Prenez votre temps, le chien apprend très vite, mais ce n'est pas un robot et parfois il fait son caractère. Dans ce dernier cas restez gagnants en n'insistant pas.

Le chiot ne devra jamais être dérangé lorsqu'il se trouvera dans son coin. Le chiot doit avoir à boire en permanence. Lorsque je me déplace je pense à amener de l'eau pour le chien. Un chien boit beaucoup, et de l'eau saine et propre.

Le chiot mange à heure fixe une ration prévue et si possible une alimentation de qualité. Il a 20 minutes, puis vous enlevez la gamelle.

J'utilise personnellement des croquettes bios. Ne donnez pas en dehors du repas.

Pour les friandises, vous devez comprendre qu'elles sont nécessaires à l'éducation du chiot et plus tard du chien. Je me répète il faut travailler en renforcement positif. Donc la récompense est un outil d'éducation. Seulement la récompense est calorique. J'utilise du cœur de bœuf qui est une friandise sans gluten, sans sucre, sans sel, encore une fois je ne suis pas sponsorisé, vous trouverez cette friandise chez Albert le chien.

Il est important de commencer très jeune à habituer votre chiot aux soins quotidiens : oreilles, yeux, brossage…

On peut croire que votre chiot est équipé de piles longue durée, mais il a besoin de beaucoup de repos pour grandir. Plus votre chiot est grand, plus il est enclin à des problèmes d'articulation, et les jeunes chiens peuvent développer des problèmes graves s'ils font trop d'exercice.

Attention aux exercices violents, aux escaliers, aux courses rapides, aux randonnées trop longues, trop d'exercices peuvent nuire à sa santé.

Le chiot ne doit pas dépasser ses propres limites. Vous devez être très prudents pendant sa croissance car il développe son ossature et trop d'exercices peuvent engendrer des accidents. Limitez vos balades à 5 minutes au début et augmentez progressivement. Ne pas dépasser 30 minutes par séance jusqu'à 8 mois (la croissance rapide se produit entre 2 et 8 mois). Ensuite, continuez très graduellement jusqu'à ses 2 ans.

C'est important de ne pas confondre vitesse et précipitation, dans l'éducation de votre chien.

Les chiots adorent jouer, mais ont besoin de beaucoup de siestes entre les jeux et les repas.

Ne faites pas jouer votre chiot/chien immédiatement après les repas il risque une torsion d'estomac qui est mortelle si elle n'est pas soignée immédiatement.

LA PROPRETÉ DU CHIOT

Pour votre chiot, la propreté signifie naturellement de ne pas faire sur les lieux de couchage et de nourriture. Le chiot doit donc comprendre la propreté autrement.

Pour faciliter l'apprentissage vous devez respecter quelques règles.

Distribuez la nourriture à heure fixe si possible pas le soir tard.

Laissez manger le chien seul au calme et lui retirer sa gamelle vingt minutes après la lui avoir donnée. Qu'elle soit vide ou pas.

Toujours laisser de l'eau propre disponible.

Sachant que le chiot se soulage après l'ingestion de nourriture, sortez-le juste après avoir mangé, mais ne le faites pas courir.

Un chiot dort beaucoup, il va donc se reposer de nombreuses heures et souhaite se soulager presque automatiquement à son réveil. Sortez-le juste après le repos.

Un chiot de 8 semaines ne peut pas se retenir plus

d'une heure ou 2 dans la journée, 3 ou 4 heures la nuit, donc soyez patients. Vous pouvez compter les heures et sortir le chien. Je vous assure que cela fonctionne très bien, si vous sortez le chien après les repas, après les siestes, après les séances de jeux, le soir avant le coucher et le matin dès le jour et les premiers bruits. En fonction de la race, le chien va vite comprendre, et viendra vous alerter.

Il ne faudra pas attendre du chiot une réelle capacité à se retenir plusieurs heures avant l'âge de 6 mois.

Vous devez sortir le chien trois fois par jour au minimum.

Le chiot parfois va naturellement se soulager dans la maison, surtout ne le punissez pas. Mais n'ancrez pas ce mauvais comportement. Faite comme si de rien n'était.

Sortir le chiot souvent et dès son plus jeune âge est une évidence.

Au début choisissez de le conduire en laisse dans des endroits tranquilles et propres.

Les endroits bruyants, très fréquentés de gens et de congénères sont à proscrire.

Il est conseillé de sortir le chiot avant ses 3 mois. Le risque infectieux est minime. Par contre pour son éducation c'est génial. Il deviendra plus vite équilibré et capable de faire ses besoins en laisse où que vous alliez.

Et même si votre chiot dispose d'un jardin, cela ne dispense surtout pas de le sortir dans la campagne.

Enfin pas de fixation sur la propreté, elle viendra entre six et huit mois.

Tordons une fois de plus le cou à une idée répandue : on ne met pas le museau du chien dans sa merde ! c'est insensé. Vous n'aurez jamais un chien équilibré avec ce genre de méthode. À l'inverse le chien finira par devenir craintif, car la punition l'attend à tout bout de champ.

LA SOCIALISATION DU CHIOT

À partir de sa huitième semaine, le chiot peut de manière légale quitter l'endroit où il est né.

Il va falloir qu'il découvre sa nouvelle « maison » et poursuive l'apprentissage de la vie, de ce qui l'attend dans les mois et années à venir.

Des expériences nouvelles sont indispensables aux chiots pour acquérir un équilibre comportemental satisfaisant à l'âge adulte, cette confrontation avec le monde qui l'entoure devant se réaliser dans de bonnes conditions (absence d'éléments anxiogènes).

Le chiot a grandi aux côtés de sa mère qui s'est occupée de lui inculquer quelques règles. Dans le meilleur des cas, il était aussi entouré de frères et sœurs avec lesquelles il a pu échanger, jouer et apprendre aussi le partage. S'il a vécu à la campagne et qu'il se retrouve en ville – ou inversement – cela constitue un premier grand changement dans sa vie.

De nouveaux bruits, puis un nouvel environnement, les premiers jours, cela fait beaucoup d'un seul coup ! C'est pour cela qu'il convient de l'accueillir avec un certain calme.

Le chiot doit une semaine après son arrivée être manipulé régulièrement mais précautionneusement, et confronté en douceur et de manière progressive aux différents bruits de la vie courante, il sera plus rapidement à l'aise.

Ensuite, il devra être confronté aux bruits, de la télévision, de la radio, de l'aspirateur, du balai que l'on passe non loin de son museau, aux voisins dans l'escalier ou le jardin, aux visites d'amis.

Le chien vacciné, vous devez sortir le plus possible sans craindre pour sa santé. C'est essentiel.

Apprenez-lui progressivement à s'habituer à tous les bruits, à tous les lieux. Ces petites incursions alors qu'il est tout jeune lui éviteront de nombreux problèmes plus tard dans sa vie. Et surtout, surtout faites-lui croiser des gens. Arrêtez-vous, serrer des mains et habituez-le aux enfants de la rue qui veulent le complimenter.

Tordons le cou encore à une idée reçue, le chien ne devrait jamais être caressé par des étrangers, pour préserver son instinct de garde. Pas de chance c'est exactement l'inverse. Il faut le socialiser sinon ce ne sera pas un chien de garde qui sait analyser un danger mais un lion en cage prêt à bondir sur tout ce qui passe à sa portée.

Les chiots devraient être présentés à des enfants de tous les âges, s'il n'y en a pas dans la maison, trouvez-en. Par contre, il doit toujours y avoir un adulte qui supervise lorsque les enfants sont avec le chiot de manière à ce que les jeux ne deviennent pas trop houleux et que le chiot ait une expérience positive.

Éduquer le chiot en l'habituant aux autres chiens est essentiel. Une des meilleures manières d'apprendre les bonnes manières canines est de permettre à votre chiot de rencontrer des chiens adultes. Les chiens adultes font attention aux chiots, c'est leur nature. Exposez le chiot progressivement à des congénères adultes, et s'il y a agressivité vous devez stopper immédiatement le chiot. De sa faute ou pas, provoqué par un autre ou pas, peu importe.

Si en jouant le chiot fait mal à l'adulte, le gros chien trouvera une manière d'arrêter le petit, soit avec un grondement soit avec un aboiement. Stoppez immédiatement votre chiot. Ces conseils sont essentiels pour l'éducation de votre chien.

Apprenez à votre chiot à accepter d'être manipulé par d'autres que vous dès son plus jeune âge. Demandez à vos amis de procéder doucement à l'examen des oreilles, des yeux, de la queue, des gencives et des dents de votre chiot.

Donnez une petite récompense au chiot pour avoir permis ceci. Par contre la récompense ce n'est que vous. Essayez de vous souvenir de cette règle. Ne permettez à personne de nourrir votre chien, c'est la base de l'éducation au refus d'appât. De cette manière, les chiots apprendront qu'être manipulés par tout un tas de gens est une expérience agréable et manger ce n'est que sur indication du maître. Pour les obligations de pension, il faudra que le chien soit présenté à l'accueillant et progressivement immergé (une heure en pension, puis deux…), ne mettez pas le chien en pension avant son éducation complète c'est-à-dire dix-huit mois. Si vous utilisez votre chien en garde, évitez la pension et préférez confier le chien à des proches connus du chien et averti. Je sais, faire garder son chien est une contrainte, pensez-y avant et choisissez une personne de confiance et averti. Les traumatismes psychologiques liés au sentiment d'abandon existent dans ce cas, alors éviter absolument l'autoritarisme d'un inconnu ou pire de la violence. La solution c'est un ami connu du chien, avec qui vous préparerez la transition progressivement, voilà c'est ce que je fais.

Plus il aura de contacts avec divers milieux et différentes personnes, moins votre chien sera craintif et plus il aura confiance en lui. N'arrêtez jamais de le socialiser, car à la phase d'adolescence (vers 8 mois), votre chien aura tendance à devenir craintif et à oublier tous ses acquis s'il n'a pas été assez en contact avec différentes choses et situations.

RÈGLES POUR L'ÉDUCATION

Il ne faut jamais toucher le chien pour le contraindre. Ce n'est pas une question de taille ou de poids mais de caractère. Un chien peut mal interpréter une action ou un ordre, où être un jour mal luné. J'entends par toucher, vouloir imposer à un chien une position. Évidemment vous pouvez le caresser, l'embrassez, mais pas le forcez à prendre une position. Ni vous, ni personne.

Nous n'utiliserons pas de collier électronique sauf cas particulier d'une éducation ciblée à partir de 18 mois par un éducateur breveté. Le collier étrangleur est inutile, l'apprentissage de la marche au pied est facilement acquis par le chien. Vous ne corrigez pas un chien qui tire sur la laisse avec un collier étrangleur, c'est juste malsain et violent, vous devez dire « Non », et bloquer le chien. Dès l'apprentissage en longeant des murs, si le chien dépasse vous réalisez un mouvement pour l'empêcher de vous dépasser.

Nous utilisons le harnais de type professionnel si possible. Tout simplement c'est plus aisé pour le chien et moins dangereux pour son cou.

Il ne faut pas crier. Le chien perçoit les ultrasons, donc il vous entend même si vous parlez à voix basse. Surtout la modulation de voix est un outil pédagogique. Vous devez vous forcer à parler normalement. Dans l'extrême urgence nous utiliserons un ordre crié et ce sera l'objet d'une éducation.

Si vous gâchez toutes vos munitions maintenant vous serez désarmés en cas de besoin extrême. Alors je vous conseille de parler bas, de répéter en montant un peu le ton et pas plus. Évidemment le chien peut très bien ne pas obéir, voir se rebeller, mais nous avons d'autres tactiques, plus vous avez de cordes à votre arc mieux c'est, donc la voix ne suffit pas, il y a le geste associé au « Non », et il y a pire c'est de faire la tête et de détourner le regard et la tête. Je ne t'aime plus et je ne m'occupe plus de toi. Rappelez-vous je sanctionne sur l'action par un comportement proportionné et je lève la punition. Certains se disent que ce n'est pas possible, qu'il faut crier, punir en enfermant, mettre une sacrée raclée... le chien crie la caravane passe... Réussir l'éducation pour être en harmonie avec son chien ne passe pas par le traumatisme de la violence. Et si votre femme n'écoute pas, ou vos enfants, ou vos collaborateurs, ou vos amis. Évidemment ce n'est pas le chien. Excusez-moi.

Il existe, de bons et de mauvais éducateurs, d'excellents clubs et d'autres qui sont infectes. Tout d'abord ne vous engagez pas sans avoir au préalable participé à une journée portes ouvertes du club, et sans avoir suivi une leçon gratuite. Je vous invite à vérifier les diplômes des éducateurs.

Le chiot et le chien sont deux réalités différentes, et nous devons parler d'apprentissage pour le chiot et d'éducation pour le chien. Bannissez le mot dressage. Vous a-t-on dressés quand vous étiez enfants ?

Pendant le jeune âge, la psychologie du chiot est complètement différente. Le chiot réagit à des stimulations de façon différente du chien.

Il faut souligner que la construction mentale d'un jeune chien est comme une éponge prête à absorber des millions d'informations qui seraient difficilement reçues par un chien adulte.

Un chiot ne doit pas travailler plus d'une demi-heure jusqu'à six mois, ensuite la charge augmente.

Commencer l'éducation du chiot tôt. Mais respectez cette règle, il faut travailler souvent mais pas longtemps. Surtout le travail pour le chiot est basé sur le jeu et le plaisir.

Autrefois, on avait l'habitude d'attendre l'âge d'un an, pour commencer à éduquer son chien. Le bon âge pour apprendre est dès trois mois, même s'il faut adapter les programmes aux possibilités d'un esprit en plein développement.

Le jeune âge, chez le chien, est aussi celui de l'apprentissage des hiérarchies. L'avantage de l'éducation en club est que le chien est en contact avec d'autres congénères, c'est indispensable à sa socialisation.

Le chien doit savoir d'instinct qui commande, à qui il peut se fier, qui il peut suivre et avec qui il peut tout simplement jouer. Il est préférable de passer par un club, ainsi le chien partagera avec d'autres chiens et vous avec d'autres maîtres ou maîtresses.

Vous avez choisi un chien et un club. Vous allez devoir encore vous investir. N'allez donc pas apprendre des techniques de travail à l'école du chiot pour en utiliser d'autres à la maison. Le travail d'éducation doit être de nature physique et intellectuelle.

Personnellement je considère qu'il doit être d'abord intellectuel. Un chien peut apprendre jusqu'à cent cinquante comportements. Je ne dis pas mot, car cela ne veut rien dire, c'est bien le comportement associé au mot qui est important.

Les gestes pour éduquer son chiot ne doivent pas être

brusques, pour ne pas prêter à confusion et ne pas faire peur au chiot. Pas de cri, ne pas contraindre le chiot en le touchant, et pas de grands gestes.

Le contact avec l'animal obéit à certaines règles. Des gestes de félicitations trop amples accompagnés de cris de joie peuvent provoquer chez l'animal une peur telle qu'il n'est pas près de recommencer ce qu'il vient de faire, même si vous en étiez très satisfaits.

Aussi vous devez dès le début savoir moduler votre ton de voix, je me répète vous devez apprendre à utiliser votre voix. La première règle avec un chiot est de récompenser un comportement attendu, et de faire comme si de rien n'était avec un comportement inadapté.

Un mot doit induire un comportement pour le chien. Il faut faire apprendre, faire répéter, puis faire associer le comportement à une attitude globale. Il s'agit de trois phases différentes.

L'apprentissage se fait en utilisant le jeu et la friandise. La répétition se fait un utilisant le jeu seul et permet de travailler un comportement reflex. L'association va permettre au chien d'intégrer des enchaînements de comportements, la félicitation doit être le partage de la joie du maître et du chien.

LE TAN

Le TAN (Test Aptitude Naturelle) permet de s'assurer de la sociabilité du Staffie. Composé de cinq épreuves, son obtention est nécessaire pour la cotation de son chien ou pour l'obtention du titre de champion de conformité au standard.

Les Staffords peuvent être présentés à cet examen à partir de l'âge de 12 mois révolus. Il n'existe par contre pas de limite d'âge supérieure.

Le T.A.N. est une épreuve qui n'est organisée que par le SBTCF, lors de ses Régionales d'Élevage ou de la Nationale d'Élevage. Pour s'y inscrire, consultez la liste des prochaines expositions organisées par le Club.

Ce test se déroule en cinq phases :

Test 1 : Accueil par le testeur : Les participants sont sur une ligne, éloignés les uns des autres de 2 à 3 mètres, le testeur serre la main de chaque participant et fait quelques caresses au chien. Le testeur tâchera autant que possible de capter le regard du chien. Le but du test est d'apprécier la sociabilité envers les personnes. Le testeur s'efforcera de déterminer si le chien peut ou non continuer le test, les réactions d'agressivité peuvent en particulier se manifester à la captation du regard chez les chiens très dominants. La notation se fait sur 5 points, et les tests sont éliminatoires en cas d'échec.

Test 2 : Les participants sont sur une ligne, éloignés les uns des autres de 2 à 3 mètres, chaque participant et son chien slalomeront entre les autres chiens aller et retour pour revenir à sa place, c'est-à-dire que chaque chien passera devant et derrière chaque chien. Les buts du test sont d'apprécier la sociabilité envers les autres chiens. Ce test s'effectuera laisse lâche, la notation est sur 5 points, et le test est éliminatoire en cas d'échec.

Test 3 : Les participants sont sur 2 lignes face à face. Sur ordre du testeur, chacun à son tour, chaque participant s'approche de son vis-à-vis, lui serre la main et échange quelques mots, les chiens sont mis en contact. Le but du test est d'apprécier la sociabilité envers les chiens et les personnes. Les laisses seront lâches, le testeur s'assurera, que les chiens mis en contact soient si, possible de sexe opposé. La notation est sur 5 points, et le test est éliminatoire en cas d'échec.

Ces trois premiers tests composent le Test de Caractère, obtenu si le total est supérieur à 12 points, il est nécessaire pour l'obtention de Champion de Conformité au Standard (CHCS).

Test 4 : Le testeur secoue violemment face à chaque chien, à environ 50 cm, une boîte contenant des objets qui la rendent bruyante. Ou le testeur ouvre un parapluie à environ 1m, face à chaque chien. Le but du test est d'apprécier la réaction face à une situation imprévue. La notation est sur 5 points, et le test est non éliminatoire en cas d'échec.

Test 5 : Les chiens étant sur une ligne, le testeur tire 2 coups de feu à environ 10 m des chiens. Le premier coup de feu ne compte pas, les participants pourront rassurer leur chien entre les 2 coups de feu. Le but du test est d'apprécier la réaction à une situation imprévue. La notation est sur 5 points, et le test est non éliminatoire en cas d'échec.

L'ensemble de ces tests constitue le TAN, obtention si le total est supérieur à 18 points.

L'ÉDUCATION DE
BASE

L'éducation de base comprend, les positions de fixation, le stop et le rappel.

La procédure d'éducation sera identique. Prenons un exemple avec le comportement assis.

Vous choisissez le nom de l'ordre « Nom du chien-assis » et vous répétez l'ordre en vous positionnant à droite puis à gauche du chien ; puis chien entre vos jambes ou devant vous.

Il ne faut surtout pas appuyer sur la croupe du chien, car le chien résiste et essaie de se relever. Attention vous risquez un mauvais réflexe du chien, et de vous faire mordre. Même si par la force vous arrivez à le faire asseoir, il va ressentir cet ordre comme une contrainte et « Nom du chien-assis » deviendra une position de soumission. C'est une erreur grave d'éducation, qui engendrera des complications comme des comportements de crainte ou d'agressivité.

Il faut faire asseoir le chien sans aucune contrainte physique. Chaque fois que le chiot s'assoit de lui-même, dites « Nom du chien-assis » et félicitez-le en donnant une friandise.

Maintenant faites comme si vous alliez lancer une balle, vous verrez que le chiot s'assoit naturellement pour suivre votre geste du regard. Profitez-en pour lui dire « Nom du chien-assis » avant de lancer la balle. Recommencez. Félicitez oralement et par une caresse, puis donnez une friandise. Après ce travail à la maison, vous allez travailler en école du chiot.

Le chiot est debout, prenez une friandise et tenez-la au-dessus du nez du chiot. Il va lever la tête pour la regarder. Tendez alors votre bras vers sa croupe. Pour pouvoir regarder la friandise, le chien va lever la tête vers l'arrière. Continuez avec votre bras au-dessus de sa tête, le chien va s'asseoir. Il faut quatre à cinq leçons par position de fixation pour apprendre, ensuite le chien répétera ses gammes.

Chez vous à partir de maintenant le chien entendra l'ordre « Nom du chien-assis » régulièrement. Commencez par demander « Nom du chien-assis » lorsque vous donnez la gamelle. Ensuite demandez « Nom du chien-assis » avant de mettre la laisse pour la promenade. Soyez inventifs. Les occasions ne manquent pas.

Il ne faut pas donner d'ordres complexes pour le moment et encore moins d'ordres contradictoires, comme « nom du chien-assis — stop — pas bouger — au pied » c'est l'erreur la plus courante du débutant.

La répétition en club est en général une marche en cercle les uns derrière les autres et le moniteur demande un « Nom du chien-assis ». Vous répercutez l'ordre. Soyez patients mais par contre soyez exigeants, « Nom du chien-assis » doit être net avec une bonne position du corps. Soyez calmes, tranquilles, patients, et respectueux mais exigeant.

Pour le coucher mettez une gourmandise vers le bas devant la truffe puis vous reculez un peu. En même temps vous donnerez l'ordre. Dès le coucher obtenu vous donnez la friandise et vous félicitez.

Pour le debout mettez une gourmandise à hauteur de votre bras. Donnez l'ordre « debout » puis donnez la friandise et félicitez.

Pour le stop vous donnez l'ordre et vous vous arrêtez, le chien va vous imiter. Donnez la friandise et félicitez.

Si une position est mal comprise, vous revenez à une position assimilée avant, puis vous ressayerez.

Au fur et à mesure vous ne donnerez la friandise que si c'est parfait.

Vous ne passez à la phase répétition que lorsque les positions sont acquises. Il y a quatre positions de fixation : Assis, Coucher, Debout, Stop. Souvent les clubs oublient « Nom du chien debout ».

Maintenant nous allons enchaîner les positions.

Vous marchez avec le chien à vos côtés, vous démarrez pied gauche en avant, et tous les cinq à dix pas vous donnez un ordre différent. « Nom du chien-Assis » « Nom du chien Couché » « Nom du chien Debout ». « Nom du chien Stop ». Allez-y progressivement. Vous ne récompensez que le mouvement parfait. Le chien doit être dans la direction de la marche au moment de la fixation.

Vous allez tous les jours travailler ses positions deux fois 15 minutes (par exemple matin et soir), puis vous allez deux fois au minimum par semaine travailler en club.

Après deux à trois semaines d'association sur les positions de fixation vous enchaînerez en rajoutant les demi et quart de tour (généralement oubliés en club).

Vous marchez avec le chien à vos côtés, vous démarrez pied gauche en avant, et tous les cinq pas vous donnez un ordre différent, et vous rajoutez les ordres « à droite » « à gauche » « demi-tour droite » « demi-tour gauche ». Allez-y progressivement. Vous ne récompensez que le mouvement parfait. Le chien vous suivra dans la direction que vous prendrez tout à fait naturellement, l'ancrage se fait avec l'ordre qu'il finira par associer inconsciemment au côté droit et gauche et au demi-tour. Nous aurons besoin de cet ancrage pour les phases d'éducation futures.

Maintenant et seulement maintenant nous allons faire apprendre au chien un ordre complexe « Nom du chien - pas bouger ».

Vous marchez avec le chien à vos côtés, vous démarrez pied gauche en avant, et vous faites cinq pas, puis vous donnez un ordre « assis », puis un autre ordre « pas bouger ». Commencez à faire un pas. Redonnez l'ordre « pas bougez ». Revenez et donnez une friandise et félicitez.

Au début mettez-vous face au chien et reculez de deux pas. Donnez l'ordre « pas bouger ». Vous augmenterez le nombre de pas progressivement. Ensuite vous demandez le même ordre mais le chien est à côté de vous. Félicitez. Félicitez. Répétez. Répétez. Félicitez. Félicitez.

Vous allez tous les jours travailler ses positions deux fois 20 minutes (par exemple matin et soir), puis vous allez deux fois au minimum par semaine travaillez en club.

Ensuite vous continuerez par « Nom du chien - debout - pas bouger » en respectant la même procédure. Ne mettez pas la charrue avant les bœufs. Si le chien ne maîtrise pas assis, puis pas bouger n'enchaînez pas.

À partir de là, vous répétez pendant quinze jours. Il faut travailler tous les jours deux fois 20 minutes et allez deux fois en club par semaine (si possible sinon une fois au moins, ce sera seulement plus long pour l'assimilation en réflexes par le chien) (les jours de club il n'y a pas de leçon à la maison). Le club va permettre de confronter le chien aux sollicitations des congénères, aux bruits, aux gens…

Maintenant nous travaillerons l'ordre « Nom du chien - debout - pas bouger » et vous continuerez à marcher. Le chien doit rester ou il est. Faites deux pas. Puis dites « Nom du chien - Au pied ». Soyez patients. Ne faites pas plus de deux pas, ensuite vous augmenterez la distance (c'est le secret). Au plus vous allez vous éloigniez au plus le chien voudra vous suivre, donc commencez très près, puis doucement augmentez la distance. C'est l'école de la patience et cela payera, croyez-moi.

Maintenant pendant deux mois, au minimum une fois par jour et une fois en club par semaine, l'idéal est deux fois par jour et deux fois en club semaine, vous allez suivre la procédure suivante.

Vous marchez avec le chien à vos côtés, vous démarrez pied gauche en avant, et vous faites cinq à dix pas vous donnez un ordre assis, puis pas bouger. Commencez à faire trois pas. Redonnez l'ordre pas bougez. Appelez le chien donnez une friandise et félicitez. Vous marchez, vous enchaînez un ordre différent tous les cinq ou dix pas. Svp n'oubliez pas le Stop. Travaillez 10 minutes, faites une pause, travaillez 10 minutes. Si possible laissez jouer le chien. Il faudra une laisse longue ou une longe pour le « pas bouger ».

Maintenant vous allez suivre la même procédure mais sans laisse ni longe. C'est essentiel de suivre cette progression. Soyez patients, le chien fera des erreurs, ou fera sa caboche, vous continuerez. Ne félicitez jamais un mauvais comportement.

Enfin et seulement maintenant nous allons travailler le rappel. Pourquoi ? Tout simplement car maintenant vous avez créé la relation avec votre chien, il est habitué à travailler avec vous, vous êtes à présent formatés ensemble. Trop de clubs font le rappel trop tôt ! et surtout avant une marche au pied sans laisse qui est le fondement du lien entre le MAÎTRE et le chien : sans lien physique.

Certains clubs n'apprennent que la conduite à gauche, c'est une erreur et le chien sera gêné pour des sports comme l'Agility.

Le rappel est un comportement essentiel. Le comportement se déclenche sur l'ordre « Nom du chien - au pied ». Ne commencez jamais le travail de rappel en milieu non clos. Le risque que le chien aille courir ou il veut est réel.

En club le chien est équipé d'une longe tenue par un éducateur. Vous vous éloigniez de la longueur de la longe et vous donnez l'ordre « Nom du chien — au pied ». Le retour pourra se faire soit à l'anglaise « le chien tourne derrière vous et se positionne » ou il vient directement et se retourne. Il faut travailler les quatre positions de retour au rappel « Anglaise à gauche » « Anglaise à droite » « à droite » « à gauche ». Quand le chien est à mi-course, vous indiquez, avec votre bras à votre chien, comment se positionner. Pour passer par-derrière à l'anglaise vous devez faire une torsion du corps, la main du côté choisi tendu.

Vous allez apprendre maintenant au chien à se positionner devant vous, presque entre vos jambes. Au milieu de la course pour revenir lors du rappel vous tendez la main au milieu du corps vers le bas. Félicitez. Cette position d'attente est très importante pour le travail en utilisation.

Le travail du rappel sera répété à chaque séance d'éducation, et à chaque sortie.

Vous allez apprendre au chien à rester en zone de surveillance avec le comportement associé à l'ordre « 10 mètres ». Dès que le chien dépasse la zone approximative de 10 mètres vous le rappelez avec l'ordre « 10 mètres ».

Ne lâchez jamais un chien en liberté avant un an et avant un rappel parfait que vous aurez testé en club et qui sera validé par un éducateur.

N'oubliez pas qu'avec une grande laisse le chien peut se balader. Attention, il faut un niveau parfait pour évoluer sans laisse et notamment un « Stop » immédiat parfaitement maîtrisé. Soyez vigilants et ne prenez aucun risque.

Pour l'éducation de base vous avez maintenant tous les outils en mains. C'est en forgeant que l'on devient forgeron. Cent fois sur le métier remettez votre ouvrage.

L'ÉDUCATION A LA GARDE

Votre chien doit d'abord être sociable, être psychologiquement stable, et avoir une éducation de base parfaite avant d'envisager d'en faire un chien de garde. Votre chien a passé avec succès le TAN. Pour le Staffie, on ne fera pas de travail au mordant.

Votre chien maîtrise les positions de fixation : assis, couché, debout et pas bouger. Il marche en laisse sans tirer, et fait les quarts de tour et demi-tour sur ordre. Il marche sans laisse en enchaînant les positons fixation et respecte l'ordre pas bouger. Le stop et le rappel sont immédiats sur votre ordre.

Apprendre à son chien à monter la garde signifie avant tout à lui apprendre à faire la différence entre les personnes qui sont les bienvenues chez vous et à celles qui sont indésirables.

La patience est de rigueur. Votre chien ne naît pas

chien de garde et il va falloir du temps et de nombreuses séances pour lui apprendre à garder et à ne pas confondre amis et inconnus.

C'est peut-être long, mais quel bonheur une fois que vous avez réussi ! Et vous allez réussir. L'important c'est la régularité des séances. Pour la durée des séances, je vous recommande une heure, et pour la fréquence deux fois par semaine.

Le Staffie doit apprendre à monter la garde en surveillant et en alertant.

Il ne faut pas apprendre au chien à mordre ou à attaquer.

Pour apprendre à donner l'alerte, votre chien doit d'abord bien connaître les situations où il n'y a pas lieu de donner l'alerte. Donc c'est l'ordre **« NON »** dans les situations non désirées en aboiement.

Vous êtes seuls à savoir qui laisser entrer chez vous. Le chien doit donc se trouver dans son coin lorsque quelqu'un sonne.

La procédure lorsqu'une personne sonne est « Nom du chien à ta place ». La personne qui sonne à votre porte peut être un complice. N'oubliez pas la récompense et la caresse. Vous répéterez autant de fois que nécessaire.

La deuxième procédure débute quand vous invitez à entrer une personne. Vous devez faire signe à votre chien de s'approcher de la personne à environ un mètre, votre chien doit rester neutre, ni bon ni mauvais. Donnez l'ordre « OK ». Le chien repartira dans son coin. N'oubliez pas la récompense et la caresse. Vous répéterez autant que nécessaire.

La troisième procédure consiste à laisser le chien aller - le chien ne va pas rester au coin - alors donnez l'ordre « Va ». Vous devez le laisser vivre sa vie, surtout si la personne reste un moment chez vous. Demandez juste aux gens de ne pas s'occuper du chien. Si le chien vient près des personnes invitées donnez l'ordre « tu laisses ».

N'oubliez pas la récompense et la caresse.

Vous répéterez autant que nécessaire. Ces procédures ne concernent que les invités, pas la famille qui elle a été immergée avec le chien (ballade, jeu, travail du chien, et accompagnement du chien à l'éducation en club).

Tordons l'idée reçue à ce que le chien ne laisse sortir personne de chez vous. Jamais. C'est inadmissible. Le chien de garde est éduqué à l'analyse de situation : donc sauf s'il y a un danger sinon il n'intervient jamais. C'est essentiel. La nature des dangers c'est vous qui les lui apprendrez.

Tordons le cou à une autre idée reçue celle qui prétend qu'il n'est pas forcément indispensable de dresser un chien à la garde pour qu'il comprenne qu'il doit garder la maison lorsqu'il est seul. Certes le chien aboiera, mais en général il sera en panique s'il doit intervenir. Et c'est très dangereux, car le chien réagira par instinct et donc ce sera de la charpie. Bravo ! Bien sûr le visiteur est un voleur ! Voyons mérite-t-il une attaque sanglante pour des objets à dérober ? Le chien éduqué sait proportionner sa réponse.

Un chien dont la mission est la garde, prévient pour alerter, observe, et prévient son maître.

Un chien dressé à monter la garde surveille, et alerte selon des codes. D'ailleurs, dans les fondamentaux absolus pour apprendre à monter la garde à son chien, c'est la socialisation très avancée que vous lui avez donnée qui sera essentielle car il sera sûr de lui.

Maintenant vous encouragez le chien à aboyer lorsque des étrangers approchent trop près du grillage du jardin, ou de la porte d'entrée du jardin. C'est très simple, le chien aboie, c'est une alerte. N'oubliez pas la récompense et la caresse. Ce n'est pas une alerte le chien aboie vous donnez l'ordre « NON » puis l'ordre « Tu laisses ». **Un chien c'est très intelligent, il enregistrera parfaitement les situations. À vous en suite avec le professionnel de travailler les situations.**

L'éducateur viendra faire du bruit et frappera aux portes et fenêtres de votre maison. Le chien aboie il le fallait car c'est une alerte. N'oubliez pas la récompense et la caresse. Évitez le quidam lambda pour ce genre d'exercice et encore moins un membre de la famille, car si le chien n'aboie pas ce sera normal.

L'important ne sera pas que le chien réagisse, mais qu'il cesse immédiatement dès que l'ordre est lancé ou qu'il fasse un demi-tour sur ordre. C'est un tout autre niveau.

Placez une pancarte « Attention au chien » sur votre propriété. Assurez-vous que le signe est suffisamment gros pour que les passants puissent le voir clairement. Prévenez toujours un voisin vigilant si vous laissez le chien à l'intérieur en garde de la maison (évitez de laisser longtemps le chien seul).

Vous l'avez compris l'éducation à la garde est un ensemble complet d'associations de comportements.

En conclusion, un chien de garde n'est pas un chien qui aboie dès qu'il voit un passant, un vélo ou un autre animal passer devant chez vous. Ce n'est pas non plus un chien qui ne fait aucune différence entre le facteur, les amis, les voisins ou un rôdeur.

Lorsque l'on a un chien de garde, on doit toujours être en mesure de prévoir sa réaction face à une personne malveillante. Les chiens qui aboient face aux gens qui passent ne font que répondre à un instinct, sans avoir appris comment réagir.

Un chien qui monte la garde est un chien qui a appris son travail. Si cet apprentissage n'a pas été fait ou a été mal fait, certains peuvent être très dangereux.

Un chien de garde a appris à faire la différence entre les personnes indésirables et celles qui peuvent entrer chez vous. Il a appris à surveiller, à alerter, à intervenir. Ce n'est pas un chien agressif.

Votre chien de garde sait maintenant donner l'alerte dans un espace donné le temps que son maître intervienne ou que le voisin vigilant donne l'alerte.

Même si certaines races ont une facilité à apprendre la garde, l'erreur à éviter est de ne pas les éduquer. Aucun chien, même avec un excellent inné, ne saura de lui-même analyser un danger et approprier sa réponse. En France les juges se montrent intraitables, si la race est réputée de garde et que le chien est laissé libre à lui-même en ayant parfois montré des signes de nervosité perçus par l'entourage ou que des signalements d'aboiements non contrôlés sont rapportés, vous risquez des ennuis sérieux. De même il ne fait pas entraîner un Staffie au mordant, votre responsabilité sera engagée.

Une fois le chien éduqué, vous devez continuer le travail d'entretien.

L'ACTIVITÉ

Avoir une activité avec son Staffie est primordial pour son développement personnel et pour le développement de la relation avec son maître.

La santé de votre Staffie passe aussi par la pratique régulière d'activités physiques.

Un Staffie peut développer, s'il manque d'activités, comme tout un tas d'autres chiens, des pathologies aussi bien psychologiques, comme le stress et divers troubles comportementaux, que physique. Avoir un chien démusclé ou pas assez musclé de l'arrière-main, est un facteur aggravant pour que votre Staffie s'abîme les rotules ou se fasse régulièrement des claquages de ligaments jusqu'à la fatale rupture.

Bien sûr les activités physiques se font si possible en club, avec ou sans compétition.

L'Agility est une activité canine ludique ouverte à tous les chiens et de nombreux Staffies ont de très bons résultats dans cette discipline. Elle demande une grande complicité entre le maître et son chien. Ce dernier doit franchir un certain nombre d'obstacles placés sur un parcours par un juge. Le chien se fie aux indications de son maître pour franchir les obstacles dans le bon ordre. Il doit rester constamment sous le contrôle du conducteur, notamment pour respecter les zones de contact des obstacles comme la passerelle, la balançoire ou la palissade. L'Agility est un sport à part entière où maître et chien évoluent en toute complicité sur des parcours d'obstacles élaborés, réfléchis. Ces épreuves sont mises en place par des juges de la discipline, selon un règlement établi par la Fédération Cynologique Internationale (F.C.I.), adapté aux spécificités de chaque pays.

Le flyball est une activité ludique qui associe jeu et sport, tout en favorisant une très grande complicité entre le maître et son chien. C'est avant tout un sport d'équipe. D'un point de vue éducatif, le Flyball permet le développement des aptitudes aux techniques de l'en-avant, du rapport d'objet, de la vitesse de course, du saut, du rappel et de la sociabilité. Le chien effectue seul un parcours rectiligne composé d'une série de 4 haies au bout duquel est positionnée une boîte (le lanceur) comportant une pédale sur laquelle il doit appuyer, déclenchant ainsi l'éjection d'une balle qu'il rattrape au vol et rapporte à son maître en sautant les mêmes 4 haies en sens inverse.

Le broussaillage est une épreuve de travail qui permet de mettre en valeur les qualités de chasse du chien. Cela se pratique sur petits gibiers à poils (lapins, lièvres). Les épreuves se déroulent dans un milieu "fermé" (volière, parc d'environ 5000 m2 composé d'une flore assez fournie, avec ronciers, bosquets…) ou dans un milieu "ouvert" (parc de plusieurs hectares). Le broussaillage peut aussi se pratiquer sur du sanglier dans de grands parcs, 20 hectares minimum. Le chien doit être actif dans sa recherche, rentrer dans les ronciers et les fourrés ; il devra lever et poursuivre le gibier. L'épreuve est ouverte au chien de 12 mois minimum confirmé ; elle dure 30 minutes environ sous le jugement de 2 juges reconnus et agréés par la SCC.

La recherche au sang est destinée à mettre en évidence l'aptitude de votre Staffie à retrouver un gibier blessé plusieurs heures auparavant (24 ou 48 heures). La réussite à cette épreuve est le fruit d'un apprentissage long et précis. Les épreuves concernant cette discipline sont dans la plupart des cas organisées dans le cadre de compétitions multi-races par le CAT ou un autre Club de race en collaboration avec une Association de chiens "de rouge".

Le cross canin est reconnue depuis le 1er janvier 2005 par la SCC. Le Cross-Canin est une discipline familiale et athlétique ouverte à tous les licenciés adhérents d'un club affilié ou en stage d'affiliation à une canine régionale. Elle permet de découvrir avec son chien la nature en participant à des rencontres regroupant les amoureux des animaux et de l'environnement et des compétiteurs de hauts niveaux. Le Cross-Canin consiste à courir sur une distance de 9 km au maximum. Le chien équipé d'un harnais spécifique sera relié en permanence au coureur par l'intermédiaire d'une longe accrochée à une ceinture. Il effectue un même effort physique sur un parcours tracé à l'avance et de préférence en pleine nature.

Le Cani-VTT est une discipline similaire au Cross-Canin où le compétiteur est équipé d'un vélo de type VTT en bon état de fonctionnement et sans équipement pouvant blesser le chien. Une longe élastique avec attache centrale sur le vélo est reliée au chien. Le port du casque et les gants sont obligatoires. Cette discipline n'est pas accessible aux catégories enfants.

Le cavage ou recherche de truffes, se déroule sur terrain ouvert, avec ou pas la présence de truffes naturelles, afin de mettre en évidence les aptitudes acquises ou innées des chiens à la recherche de la truffe dans des conditions les plus proches du cavage naturel. Cette épreuve a pour but d'évaluer à des fins de sélection, à partir de qualités morphologiques affirmées, les aptitudes fonctionnelles des chiens présentés. Les critères de jugement seront orientés de manière à ce qu'un bon chien truffier, bien éduqué puisse participer à cette épreuve sans la nécessité d'une préparation spécifique. Le jury appréciera chez les chiens, les qualités olfactives, d'endurance et d'application ainsi que l'aptitude à l'initiative, à la réceptivité, à l'éducation et au dressage.

Les disciplines de sauvetage, nécessitent une grande complicité entre l'homme et le chien. À la base, ces programmes de compétition ont été créés afin d'obtenir un très haut niveau dans les domaines du sauvetage. Que la victime soit ensevelie sous deux mètres de neige, de gravats, ou bien égarée dans les bois, l'objectif est de la découvrir dans les plus brefs délais. Le maître participe avec son chien au sauvetage par son sens de l'initiative et par sa capacité à gérer son animal dans des circonstances difficiles. Ces épreuves se déroulent dans des conditions proches de la réalité. Chaque conducteur de chien à la possibilité de commencer par le test de qualification ou avec une épreuve de l'échelon A. Ces épreuves sont divisées en trois parties : Habileté : le chien devra passer divers obstacles et être dirigé à distance. Assouplissement : c'est un travail de discipline avec des suites sans laisse, des blocages assis, debout et couché, des rapports d'objet, un couché libre et un envoi en avant. La spécialité (décombres, avalanche, surface ou pistage) : le chien devra exécuter une épreuve de désignation et une épreuve de recherche sur plusieurs victimes. Le travail dans ces spécialités nécessite patience, écoute, complicité et affection pour son chien. Ces programmes de sauvetage sont faits pour l'amélioration de la race canine et peuvent permettre d'accéder, en plus de la classe Travail, au titre de Champion International de Beauté. Des concours internationaux en décombres (débris), avalanche, surface et pistage ont déjà eu lieu dans plusieurs pays européens et ont remporté un vif succès auprès de nombreux conducteurs accomplis ou débutants.

Le frisbee est une discipline ludique, et très sportive pour les chiens et peut être pratiquée par tous. Elle nécessite que très peu de matériel : uniquement un Frisbee qui est défini suivant sa forme, son poids et son matériau. Quatre principales épreuves sont connues, organisées et pratiquées régulièrement en compétition aux États-Unis ; elles sont parfois mélangées entre elles et réadaptées dans le cadre de tournois « autour du Frisbee ». Néanmoins cette activité se développe bien en France.

L'HYGIÈNE DU CHIEN

Les parents des Staffies doivent être impérativement identifiés ADN, et testés pour deux maladies génétiques connues chez le Stafford : le L2-hga -maladie neurologique- et la Cataracte Héréditaire – HC-.

Le test de surdité -P.E.A.- est aussi indispensable pour les chiens à robe blanche ou à dominance de blanc.

L'identification ADN quant à elle, permet de valider le pedigree du chiot de manière certaine grâce au Certificat de Filiation qui vous sera remis par l'éleveur, ou que vous réaliserez à vos frais à condition d'avoir reçu les copies des Certificats d'identification ADN des géniteurs.

D'autres tests sont conseillés comme la dysplasie hanche/coude, les tares oculaires, mais leur fréquence n'est pas alarmante pour la race à ce jour.

À noter que les Staffords à robe bleue sont souvent touchés par la maladie cutanée dite Alopécie des Robes Diluées (ARD). Ce n'est pas une fatalité mais un risque accentué, et reproduire par exemple deux parents à robe diluée augmente encore la probabilité de l'apparition de la maladie.

De même les chiots blancs ou à panachure blanche envahissante peuvent être atteints de surdité. Exigez le test de votre chiot avant l'achat.

Quand il est très jeune, le chiot ne doit pas faire trop d'exercice physique, par exemple, il ne faut pas lui faire monter les escaliers, ni faire de l'Agility. Une fois qu'il a grandi, c'est un chien à la santé de fer, il faudra juste veiller lorsqu'il sort de l'eau, a bien séché la base de sa queue.

Pendant la durée de la mue, utilisez une brosse métallique. Concernant ses griffes, il faut qu'il puisse régulièrement les user sur sol dur. Écourtez-les, si besoin, grâce à une pince spécifique. Deux bains par an suffisent. Chez certains chiens, la fragilité majeure se situe au niveau des oreilles. Il faut les surveiller et les nettoyer régulièrement avec un produit conseillé par votre vétérinaire. Sinon, il sera sujet aux otites chroniques.

Il sera important de s'assurer que les hanches, les coudes et les yeux ont été contrôlés pour les géniteurs. Le risque zéro n'existe jamais, nous avons à faire à un être vivant, mais il faut s'assurer que le risque a été minimisé au maximum, d'où l'utilité d'exiger les conclusions des radios et contrôles sur les reproducteurs.

À cause de leur tendance à l'embonpoint, l'exercice régulier et une nourriture équilibrée sont indispensables. Cela minimisera les problèmes articulaires comme la dysplasie de la hanche ou du coude. Certains soucis oculaires sont aussi communs : dysplasie rétinienne, cataractes et atrophie rétinienne. La torsion ou le gonflement gastrique sont des éléments que le maître doit impérativement surveiller. Un ventre enflé non traité peut s'avérer fatal pour le chien.

Pour sa santé, les sorties sont primordiales cela vous permettra de vivre aux côtés d'un chien sociable et en bonne santé. Faites-lui rencontrer d'autres congénères dès son plus jeune âge. Dès que vous l'avez déjà éduqué à un « rappel » parfait, laissez-le courir à travers champs ! Sa joie de vivre sera communicative et il vous en sera éternellement reconnaissant.

Même si la race indique un chien robuste qui jouit généralement d'une bonne santé., il faut cependant se tourner vers une portée dont les reproducteurs auront été dépistés par radiographie.

Ses oreilles et ses yeux ne demandent pas de soin plus particulier que d'autres chiens néanmoins un entretien par un nettoyage est nécessaire.

Le chien familial a besoin d'explorer plusieurs territoires. Qu'il vive en appartement ou en maison, il ne peut se contenter d'une simple sortie de 10 minutes ou de rester bloquer dans un jardin. Il lui faut donc une promenade quotidienne.

Les oreilles : vérifiez régulièrement la propreté des oreilles de votre chien. En cas de besoin il faut les nettoyer avec une lotion adaptée (vous les trouverez chez votre vétérinaire, en pharmacie ou en animalerie) en utilisant une "lingette" ou du coton. N'utilisez jamais de coton-tige, vous pourriez blesser votre chien en cas de mouvement brusque de sa part et de toute façon vous ne feriez que tasser les saletés dans le fond du conduit.

Les yeux : nettoyez-les régulièrement avec une lotion spéciale. Tout écoulement anormal doit être immédiatement signalé à votre vétérinaire.

Les dents : surveillez attentivement l'état d'entartrage des dents. Le tartre est responsable de problèmes graves tels que le déchaussement précoce, la mauvaise haleine, les abcès dentaires…

Pendant la croissance de votre chien vérifiez régulièrement sa dentition : ses dents de lait vont tomber lorsqu'il aura environ 4 mois. Cela peut passer de façon inaperçue car il va en avaler une grosse partie. En cas de doute sur le changement de dents de votre chiot, demandez conseil à votre vétérinaire.

Les griffes : en principe elles doivent s'user

régulièrement avec la marche sur sol dur.

Bain : vous pouvez baigner votre chiot 8 jours après le premier rappel de vaccins. Utilisez toujours un shampooing spécial chien (animalerie et pharmacie) et prenez soin de bien le sécher après (attention au sèche-cheveux qui peut lui brûler la peau si vous le mettez trop près), idéalement, l'eau du bain doit être tiède. N'abusez pas des bains.

Beaucoup de gens pensent que les Bergers sont plus sujets que d'autres à la dysplasie de la hanche. En réalité cette malformation génétique peut toucher presque tous les chiens de taille moyenne ou de grande taille. Les Clubs ont été les premiers à lancer l'alarme : cela a provoqué une panique.

Même si la veille a été lancée grâce à eux, encore une fois elle concerne tous les chiens de grandes de tailles. La dysplasie de la hanche est une malformation ou déformation résultant d'une anomalie du développement d'un tissu ou d'un organe.

Aujourd'hui, les meilleurs éleveurs n'utilisent pour la reproduction que des sujets non touchés par la dysplasie et classé A pour la reproduction. Des radios sont réalisées sur les reproducteurs en âge adulte pour faire de la prévention. Le chien ne sera pas reproducteur s'il en est atteint. Il existe un syndrome de dilatation torsion gastrique auquel vous devez faire attention. C'est le retournement de l'estomac. Il arrive si le chien se met à l'effort après avoir mangé. Je ne suis pas un fan de la nourriture en fin de journée, avant de dormir. Mais c'est une solution.

Je nourris mes chiens, en début de matinée et j'attends la digestion.

Pensez à administrer un traitement anti-puces et tiques pendant les saisons chaudes ainsi qu'un vermifuge deux fois par an et ne pas oublier la visite annuelle chez le vétérinaire pour son rappel de vaccin.

Attention le carnet de santé et le suivi médical sont

obligatoires. En fonction des régions et des risques votre vétérinaire vous conseillera, d'autres vaccins peuvent s'avérer nécessaires ainsi que d'autres protections en fonction des régions.

Une alimentation sous forme de croquettes de bonne qualité est recommandée afin de respecter les besoins nutritionnels du chien. Si possible faites confiance à votre vétérinaire car une bonne alimentation est indispensable.

Pour prendre soin de votre chien, il faut vous équiper avec : ciseaux, pince à épiler, seringue anti-venin, coupe griffe, attelle, canne télescopique. Attention, vous n'êtes pas vétérinaires. Il est utile de prévoir quelques médicaments chez soi et en déplacement pour assurer soins et gestes de première urgence.

Il faut : des compresses, du désinfectant, du sparadrap, des bandes, du savon de Marseille, un sérum physiologique pour les yeux, une crème antibiotique pour les plaies, de l'éther pour les tiques, un pansement intestinal pour les diarrhées. Vous faites de la randonnée, vous partez sur une nationale, organisée par la SCC ou par votre club. Vous voyagez en camping-car. Vous partez dans un gîte isolé. Alors vous devez rajouter : une boîte d'antibiotiques pour éviter les allergies, un anti-vomitif, une protection contre les puces, un vermifuge, une crème contre la maladie de la gale pour les oreilles et une crème anti-aoûtats.

Vous pouvez également constituer une pharmacie médicale en cas de troubles légers ou pour prendre les premières mesures d'urgence sachant qu'il vous faut consulter pour des symptômes qui durent. Voici les produits en fonction des différentes affections.

Pour les problèmes de peau il y a les antiseptiques représentés par l'alcool, la Bétadine, l'alcool iodé, le bleu de méthylène, l'eau oxygénée, l'éther ou la solution de Dakin. Attention, ces produits sont souvent irritants en solution pure. La dilution dépend du produit et de son utilisation ponctuelle. Le savon de Marseille est l'antiseptique le plus simple qui, utilisé correctement, est très efficace pour la désinfection des plaies diverses.

Une plaie infectée doit être savonnée, rincée à grande eau. On applique ensuite des antiseptiques, de l'alcool ou de la teinture d'iode. L'eau oxygénée est très utile pour rendre une plaie propre. Elle permet, en effet, d'ôter toutes les traces de sang. Les sprays antibiotiques s'utilisent pour éviter les infections locales.

Pour tous les autres problèmes de peau, il vous faudra un produit contre la gale à base de Lindane, un produit antimycosique pour la teigne en spray et en comprimés. Une lotion anti-inflammatoire vous permettra de lutter contre les allergies et eczémas divers.

Pour les troubles digestifs sachez que la diarrhée est fréquente chez les chiens. Il est indispensable que votre pharmacie comporte un pansement gastrique sous forme de poudre ou de gel. Un antispasmodique pour lutter contre les mouvements de l'intestin. Un antibiotique agissant sur les germes digestifs. Pour la constipation, de l'huile de paraffine sera parfaite.

Pour les infections les antibiotiques sont obligatoires pour pallier toute infection. Attention, une ordonnance doit toujours les accompagner. Concertez-vous avec votre vétérinaire en lui expliquant que vous vous déplacez souvent même le week-end et qu'il n'est pas aisé de trouver des urgences pour chien un dimanche après-midi à Aubigny-sur-Nère par exemple.

Vous déterminerez avec votre vétérinaire la liste d'antibiotiques en fonction de votre chien.

Il est essentiel de choisir un bon élevage, qui évite les croisements consanguins et pratique une sélection rigoureuse des reproducteurs et qui vous fournira les conclusions des radios des hanches des reproducteurs.

À TABLE

Comme tous les grands sportifs, le chien a besoin d'une alimentation adaptée. En période d'entraînement et de concours, le chien doit bénéficier d'apports plus importants en protéines et en glucides. Les premières permettent de fournir des efforts importants, les secondes favorisent la pratique de l'exercice sur la durée.

En dehors des périodes d'activité, le chien peut être nourri avec une alimentation industrielle, sèche ou humide. Un grand bol d'eau fraîche doit rester en permanence à sa disposition.

Son alimentation devra être de bonne qualité, hautement digestible et distribuée si possible en deux fractions. Comme tous les grands chiens, le chien peut être sujet aux torsions-dilatations d'estomac, il faut donc éviter les rations trop importantes et les efforts ou coup de stress juste avant ou après un repas.

Pour le chien de travail, il faudra porter une attention particulière à ses articulations. Un bon échauffement est indispensable avant la pratique d'un sport. Volontaire et énergique, il a du mal à s'économiser lui-même, il faut donc le faire à sa place. **C'est d'autant plus important durant sa croissance où il faudra éviter les excès d'activités.**

Privilégié la qualité de nourriture c'est profiter d'un chien en bonne santé.

Vous devez nourrir votre chiot au début 2 fois par jour. Si le repas n'est pas consommé en vingt minutes, retirer la gamelle et refuser le grignotage entre les repas.

Ne tolérez jamais le museau du chien à hauteur de votre assiette (hygiène) ni le vol de nourriture sur la table : sanctionner si on prend le chien sur le fait en lui parlant sur un ton ferme « **NON** ».

Beaucoup de chiens manifestent des problèmes récurrents d'embonpoint. Il est essentiel d'adapter un régime alimentaire aux habitudes de vie. J'ai quatre chiens et j'avoue que j'ai quatre types de croquettes et deux fois semaines je donne du frais maison. Mais cela est personnel.

L'alimentation industrielle met à la disposition des possesseurs de chiens des spécialités adaptées au poids, à la taille et à l'âge du chien. Elle propose également des aliments correspondant au niveau d'activité physique de chaque chien et à son état de santé.

La ration du chien doit être distribuée aux mêmes heures et au même endroit en le faisant manger seul dans un lieu isolé et calme de la maison, et toujours après ses maîtres.

L'eau est très importante, elle doit toujours être disponible. En cas de consommation excessive il faut consulter son vétérinaire.

Il existe principalement trois types d'alimentations, l'alimentation industrielle sèche, l'alimentation industrielle humide et l'alimentation "maison". Nous allons vous décrire ces alimentations en exposant leurs avantages et leurs faiblesses.

Sachez toutefois qu'il n'est pas recommandé de changer brutalement la nourriture d'un chien.

Il est convenu de l'habituer sous une période de 8 jours en mélangeant les deux types d'aliments.

On appelle alimentation industrielle sèche, l'alimentation à base de croquettes. La croquette est une boulette de pâte, de riz, de viande, de poisson, de légumes et de frite. C'est un aliment déshydraté qui demande une consommation d'eau importante. Il existe des croquettes pour tous les types de chiens selon leur morphologie. Au dos du paquet vous trouverez la ration à donner quotidiennement à votre chien. Les besoins quotidiens nécessaires à un chien adulte en activité sont totalement apportés par les croquettes. Elles garantissent une alimentation saine et équilibrée au chien en fournissant des nutriments préparés par des nutritionnistes vétérinaires et des spécialistes de l'alimentation canine.

Certains chiens n'apprécient pas les croquettes et refusent de les manger car ils ne les trouvent pas appétissantes. Si votre chien a goûté à un autre type d'aliments, il est possible qu'il délaisse sa gamelle en réclamant sa nourriture favorite. Vous pouvez mélanger les croquettes à de la viande ou les compléter par des aliments industriels humides afin de leur donner meilleur goût.

Les croquettes sont également un moyen important de lutter contre le dépôt de tartre grâce à leur effet abrasif. Les croquettes sont recommandées par les éleveurs et les vétérinaires.

L'alimentation à base de viande crue BARF signifie en anglais "Biologically Appropriate Raw Food" ce qui veut dire en français "Nourriture crue biologiquement appropriée". Le régime alimentaire BARF est une approche naturelle de l'alimentation du chien. Dans cette optique, le choix des aliments s'appuie sur le respect de la physiologie propre à l'animal. Le chien étant un carnivore, il convient de lui proposer une alimentation de carnivore, à base majoritairement de viande, d'os crus et d'abats. Ce type d'alimentation s'appuie notamment sur l'idée que les choix alimentaires des animaux sauvages sont guidés par leurs besoins biologiques. Dans la nature, les animaux choisissent instinctivement le régime le mieux adapté à leur métabolisme, choix que les animaux domestiques carnivores n'ont plus la possibilité de faire, tout simplement parce que c'est l'être humain qui subvient à leurs besoins quotidiens.

On appelle alimentation industrielle humide, la nourriture fournie dans les "boîtes" achetées dans les grandes surfaces. Les besoins quotidiens nécessaires à un chien adulte en activité sont totalement apportés par ce type d'alimentation. La garniture des boîtes est réalisée par des spécialistes de la nutrition canine qui garantissent grâce à leur produit une alimentation saine et équilibrée pour le chien. Les boites doivent être maintenues au froid sous peine d'intoxication alimentaire Le prix de revient des boites est deux fois plus élevé que les croquettes

On appelle alimentation "maison", l'alimentation réalisée par vos soins. Il est indispensable de fournir au chien des aliments frais et de qualité. En dépit de l'amour des maîtres porté à leur bête, bien fréquemment la nourriture préparée est carencée en minéraux et vitamines. À l'inverse des croquettes et des boîtes, la quantité fournie est un réel problème car souvent le propriétaire verse une quantité approximative changeante d'un jour à l'autre ce qui est source d'obésité.

Les animaux comme les hommes ont besoin d'une alimentation équilibrée et saine afin d'être en bonne santé. Contrairement à ce qu'il est fréquemment pensé, ce type d'alimentation est plus coûteux que l'alimentation industrielle et nécessite une attention particulière.

Pourquoi certains chiens se montrent-ils si difficiles, boudant la nourriture que leur maître leur présente alors que d'autres avalent tout d'un simple coup de langue ? Tout comme chez les humains, nous trouvons de gros et de petits mangeurs chez nos compagnons à quatre pattes.

Il semble que l'attrait face à la nourriture soit, en partie tout au moins, sous influence génétique. On sait également qu'au moment du sevrage et jusqu'à la fin du troisième mois, il existe une phase sensible au cours de laquelle les chiots subissent toutes sortes d'influences et apprennent notamment à sélectionner dans leur environnement ce qui est comestible.

Un tel conditionnement évite à l'animal d'ingérer des choses qui pourraient lui être nuisibles. Ce phénomène peut expliquer qu'un chien refuse une nourriture qu'il n'a pas eu le loisir de goûter dans son jeune âge

En conclusion, les croquettes sont à préférer aux aliments humides et à une ration que vous pourriez cuisiner vous-même. En effet, les aliments humides présentent de nombreux désavantages, notamment concernant la santé dentaire de votre ami. De surcroît, il est difficile de cuisiner un repas respectant parfaitement les besoins nutritionnels du chien. Les aliments ne doivent en aucun cas être distribués à volonté. Consommés sans modération, ils peuvent en effet provoquer troubles digestifs et obésité.

Il est également proscrit de donner un supplément en minéraux à un chiot qui reçoit un aliment équilibré. Cela pourrait nuire à sa santé et provoquer notamment des malformations osseuses. Enfin, il est inutile et même nuisible de varier l'alimentation de votre chiot.

Néanmoins, si un changement est nécessaire, il doit se faire progressivement sous peine de voir apparaître des troubles gastro-intestinaux

Devant un refus soudain et prolongé de nourriture je ne parle pas de comportement passager, une visite chez le vétérinaire s'impose.

Si aucune maladie n'est détectée, il faut chercher une autre cause. Le chien est un être sensible. Un changement de milieu, la perte d'un compagnon humain ou animal peuvent l'inciter à jeûner quelques jours. Je vous conseille d'accepter cette diète et ne pas paniquer. Si cela dure alors, le vétérinaire sera de nouveau consulté, et il faudra insister auprès de lui.

Certains chiens mangent des choses non comestibles comme de la terre, des pierres, du bois, du plastique, de poteries, voir des chaussettes, etc.., on a également retrouvé de tels objets dans les estomacs des loups italiens du début du XXe siècle.

Ce comportement, appelé Pica, semble être influencé par la génétique puisqu'on le retrouve plus spécifiquement dans certaines lignées que dans d'autres. Il n'y a pas de déficit nutritionnel chez ces sujets.

Le chien peut agir ainsi pour diverses raisons : par ennui, car il vit mal un changement, car il est en deuil. Mais souvent aussi pour attirer l'attention de ses maîtres.

Si votre chien ingère des crottes, celles d'autres chiens ou celles d'autres espèces animales, c'est parce que, pour lui, elles sont appétissantes ; c'est notamment le cas si elles contiennent de la nourriture non correctement digérée. Dire seulement « NON » fermement.

Concernant l'ingestion de ses propres crottes, malheureusement il peut s'agir d'un chien ayant été sévèrement puni pour les avoir faites dans un lieu inapproprié. Et quelqu'un a oublié la règle de base du chapitre éducation sur le sujet « faite comme si de rien n'était ».

Comment leur faire passer de si vilaines habitudes ? Saupoudrer ce qu'il a l'habitude d'ingérer d'une substance forte (par exemple du paprika). Détourner son attention en jetant une bouteille avec des cailloux ou en faisant du bruit, et surtout récompenser s'il laisse.

Mais, si votre chien ronge des bouts de bois et ingère ainsi des fibres pas forcément très digestes, çà ne mérite même pas d'y faire attention !

En ce qui concerne l'obésité, diverses enquêtes approfondies montrent que dans un grand nombre de cas, elle va de pair avec de mauvaises habitudes alimentaires et de la nourriture de mauvaise qualité.

Le chien obèse ne doit pas être anthropomorphisé : pas de sentiments humains. On diminue les quantités, on passe en croquettes pour chien obèse, on fait plus de sport. Éventuellement on associe des diètes.

Le plaisir de manger, est lié à une perception subjective et personnelle des saveurs des aliments. Le goût a pour siège les papilles gustatives, petites saillies se trouvant dans la région postérieure de la langue et contenant des cellules sensorielles. Ces dernières réagissent à différentes substances chimiques et transmettent les informations reçues à des neurones reliés à l'encéphale. Les papilles gustatives se trouvent en moins grand nombre chez les chiens que chez les humains (environ 2 000 chez les premiers contre 10 000 chez les seconds). Bien qu'elles puissent différencier les substances sucrées, salées, acides et amères, elles le font aussi d'une manière beaucoup moins précise. De ce fait, nos chiens sont nettement moins gourmets que nous.

L'odorat est associé si étroitement au goût qu'il est difficile de savoir lequel des deux primes quand il s'agit de préférence alimentaire, une bonne odeur de cuisson nous donne déjà faim !

En ce qui concerne, nos chiens préférés la différenciation est d'autant plus difficile à faire que ceux-ci ont une sensibilité olfactive nettement plus fine que nous (vis-à-vis des chiens, nous sommes, pauvres humains, des handicapés de l'odorat).

Différentes recherches ont néanmoins permis d'en savoir un peu plus : si pour les chiens l'odorat semble primordial pour la détection de la nourriture, l'odeur dégagée n'est pas le seul critère de choix, la texture et le goût de cette dernière y jouent également un rôle non négligeable.

Notre chien peut être nourri par une nourriture sentant

la viande mais n'en contenant pas, ou un mixte au trois-quarts légumes et un quart de viande.

Vous croyez qu'il va vite se rendre compte de son erreur ! Essayé. Pour moi cela marche, avec mes croquettes bios.

LA VIEILLESSE DU CHIEN

Avoir un chien c'est être attentif aux signaux qu'il vous envoie. Graduellement moins beau, moins actif, moins présent, l'animal âgé est plus fragile qu'un jeune adulte et doit donc faire l'objet d'observations et d'attentions toutes particulières.

Le regarder vivre et se déplacer, le palper, noter tout changement pour reconnaître ses déficiences progressives, aide à vite déceler l'apparition d'une maladie liée au vieillissement.

L'allongement du temps de repos et de sommeil, est normal, et ne devra donc pas être une inquiétude.

Mais lentement l'animal peut venir à souffrir dans sa locomotion, s'essouffler, mal entendre ou mal voir.

Le cerveau, organe est concerné par le vieillissement. Son inévitable dégénérescence entraîne et accompagne progressivement des troubles de l'humeur et du comportement.

Les signes du 3e âge se voient donc sur le plan physique, psychologique et comportemental.

Un nouveau compagnon lui serait-il profitable ? Il vaut

mieux s'abstenir d'amener « dans les pattes » d'un chien ou d'un chat senior, un chiot turbulent par nature, qui risque de le bousculer et l'épuiser avec sa vitalité débordante et ses mordillements.

Mais, et c'est mon expérience, si l'on introduit un jeune animal dans le groupe familial en début de phase senior quand le chien est encore bien actif, alors c'est bénéfique pour les deux.

Le jeunot va faire maints apprentissages par imitation avec son « vieux copain » mais les mauvaises habitudes et les bonnes habitudes seront transmises.

Stimulés, mes chiens seniors ont toujours retrouvé une seconde jeunesse, mais j'ai veillé au grain, en étant juste.

Votre chien ne passe plus son temps qu'à dormir et semble devenir comme plus « mécanique », à n'être plus intéressé que par sa gamelle et l'heure des sorties il faudra devenir encore plus indulgent pour l'accompagner jusqu'à sa fin. Maintenir son vieil animal en vie dans le confort jusqu'à sa mort, c'est formidable. C'est cela être un maître responsable.

Mes vieux chiens se sont tous mis à déambuler et à donner l'impression de se « perdre » dans leur environnement habituel, mais j'ai toujours laissé faire, et aider mes chiens à mieux vivre leur 3e âge. Des visites régulières chez le vétérinaire, s'imposent à « l'âge mûr » sachant qu'aucun traitement ne pourra jamais rajeunir un vieil animal, mais souvent lui assurer une qualité de vie plus optimale.

Veiller à lui ménager une place de repos plus moelleuse et plus au calme, car tout en gardant le contact avec la vie de famille, l'animal a besoin de plus longues périodes de sommeil. Sans le reléguer, il faut le protéger notamment de l'agitation.

La perte d'appétit ou au contraire la boulimie, l'incontinence nocturne, des constipations en alternance avec des diarrhées sont autant de points de repère de l'affaiblissement des fonctions vitales de l'organisme de l'animal. À ce stade, il fait échanger avec le vétérinaire.

Eh ! Oui, ils vieillissent ! ils ont alors besoin de nous. Soyons présents. Aidons-les. Alors je vais vous donner des trucs :

Par temps doux, un brossage précautionneux adapté une fois encore aux raideurs, douleurs, ou imperfections de la peau, est bénéfique. Il permet la surveillance de grosseurs, de présence de parasites nuisibles, etc. tout en maintenant le contact corporel et la tendre complicité avec un animal, que ses facultés sensorielles diminuées isolent un peu, toujours pour les raideurs douloureuses, alors attention à l'essayage des pattes sales.

Maintenez une activité modérée avec votre vieux chien, et pas de « retraite brutale » à celui qui sortait avec son maître sous prétexte qu'il n'est plus performant.

Veiller plus souvent au niveau d'eau de la gamelle d'un animal dont la soif est augmentée (sans chercher à réduire sa consommation, sous prétexte de mictions plus fréquentes).

Certains facteurs influent sur la longévité de nos chiens. Le code génétique bien sûr, mais spécialement tout le soin que l'on a pris d'eux dès leur jeune âge, pour leur assurer une bonne condition physique et psychique (l'une n'allant pas sans l'autre).

LA SEXUALITÉ DU CHIEN

La maturité sexuelle du chien se produit autour du septième mois chez le mâle, et entre sept et dix mois chez la femelle. Par contre, le chien peut manifester des désirs sexuels dès l'âge de sept semaines, sous forme de jeux où l'accouplement est simulé. La femelle connaît des périodes de chaleurs ou œstraux, en général, tous les six mois. Il arrive que cet intervalle varie entre 4 et 8 mois. Ces périodes se produisent au printemps et à l'automne ; elles correspondent à l'ovulation et dure de 15 à 20 jours. La fécondation peut se produire entre le septième et le quatorzième jour. L'urine contient alors des phérormones qui attirent les mâles. La chienne a des segments généralement appelés menstruations, bien que le terme exact soit diapédèse. Il s'agit de globules rouges qui traversent la paroi. Si un mâle montre de l'intérêt, la chienne fera savoir son contentement en plaçant sa queue de côté, pour présenter son vagin.

Lors de copulation, un bulbe sur le pénis du chien se gorgera de sang. Le chien ne pourra se séparer de la femelle tant qu'il ne se désengorgera pas, cela peut prendre de 15 à 20 minutes. Attention, il est très important de ne pas tenter de séparation sous aucun prétexte cela risquerait de déchirer le vagin de la femelle.

Si vous voulez faire s'accoupler deux chiens, il est préférable d'emmener la femelle chez le mâle car ce dernier peut refuser de copuler en territoire inconnu ou s'il a peur. Il est à noter que le mâle est le seul à posséder un os dans le pénis, appeler os pénien. Il arrive qu'il y ait des cas d'homosexualité chez le mâle. Ce comportement est dû à une frustration sexuelle. Cette frustration peut provoquer de l'agressivité et des fugues. Chez la femelle, les fugues sont un peu plus rares, mais elle peut devenir surexcitée.

De nombreuses personnes ont aujourd'hui encore du mal à prendre la décision de faire stériliser leur chienne. Pourtant, si vous ne désirez pas faire un élevage, c'est la meilleure solution pour éviter à votre animal de nombreux problèmes de santé.

Il ne faut pas considérer la stérilisation comme une mutilation qui rendra votre animal malheureux. Il faut savoir que le comportement d'une chienne dépend surtout de son instinct et de ses hormones. Les chaleurs apparaissent environ deux fois par an, et durent en général 3 semaines. Hormis ces deux périodes de l'année, sachez que votre chienne n'a nulle envie de se reproduire et, contrairement aux idées reçues, elle n'a pas besoin d'avoir été au moins une fois en relation avec un mâle pour être équilibrée.

Il faut savoir que la contraception par piqûres ou par comprimés n'est pas la solution optimale, mais est une bonne approche.

Le traitement va supprimer les chaleurs mais n'aura aucun effet sur les autres problèmes hormonaux, dus à la présence des ovaires, et qui peuvent entraîner parfois des maladies. Mais dans la nature la louve n'est pas stérilisée. Pour moi le problème est surtout de ne pas faire l'apprenti éleveur.

La stérilisation chirurgicale a pour but l'ablation des ovaires, avec ou sans l'utérus. Cette opération est très commune et pratiquée par tous les vétérinaires. Certains vétérinaires conseillent de faire stériliser la chienne entre les premières et deuxièmes chaleurs. Chez les Staff entre quinze et dix-huit mois, c'est bien, mais prenez conseil auprès de votre vétérinaire.

Vous pouvez également opter pour la ligature des trompes. Mais sachez que cette intervention ne supprime pas les chaleurs. Votre chienne ne pourra simplement pas avoir de petits.

La stérilisation augmente les risques de prise de poids. Il est très important de surveiller l'alimentation de la chienne pendant les 3 mois qui suivent l'opération et de lui faire faire de l'exercice. Sachez enfin qu'une chienne stérilisée aurait tendance à vivre plus longtemps qu'une chienne entière car elle aurait moins de risques potentiels de santé. Je ne sais pas, discutez-en avec votre vétérinaire et prenez plusieurs avis.

Aujourd'hui encore, de nombreuses personnes ne veulent pas castrer leur chien, par crainte que l'animal soit malheureux. Il faut savoir que le comportement du chien dépend surtout de son instinct et de ses hormones, et qu'il ne sera pas malheureux s'il est castré. S'il n'est jamais en présence d'une femelle en chaleur, un chien n'éprouvera pas le besoin de se reproduire. Ainsi, la castration, contrairement aux idées reçues, ne vient pas perturber l'équilibre général d'un chien.

La situation est au contraire plus compliquée s'il est stimulé par la présence de femelles, mais qu'il n'y a pas de contact physique. Le chien sera alors surexcité et il faudra avoir recours à un traitement hormonal pour le calmer. De plus, sachez que les risques pour la santé de votre animal seraient plus nombreux s'il n'est pas castré. Mais dans la nature le loup n'est pas castré.

La castration se fait vers l'âge de 10 ou 12 mois, avant la puberté.

Les problèmes de santé rencontrés chez les chiens non castrés seraient essentiellement concentrés autour des testicules et de la prostate :

Un chien non castré devient fugueur en période de chaleurs et souvent surexcité. En présence d'une femelle en chaleur, il n'écoutera que son instinct sexuel et ignorera vos rappels à l'ordre. Il faut donc en être averti, et au moins utiliser la castration médicamenteuse en étant prévenant dans les deux périodes à risque.

La vasectomie est une ligature des canaux spermatique le chien reste capable de saillir.

À titre personnel, je suis surpris du discours des comportementalistes canins qui sont en même temps vétérinaires et prônent la satisfaction des besoins primaires du chien mais veulent la contraception irréversible. Avouons que l'acte chirurgical qui rapporte entre 200 et 300 euros reste la contraception.

À titre personnel je pratique la contraception réversible avec mes chiens et une veille attentive lors des moments du Printemps et l'automne.

Pour mes femelles. La stérilisation temporaire e et réversible fait appel à des hormones de synthèse empêchant la survenue de l'ovulation mais aussi des chaleurs. Les molécules utilisées sont en général des dérivés de synthèse de la progestérone (progestagènes ou progestatifs). Il faut les utiliser en anoestrus, pour retarder l'apparition de l'oestrus ou en début de pro oestrus, pour interrompre les chaleurs. Les progestagènes exercent une action hormonale qui va aboutir au blocage de la maturation des follicules et de l'ovulation. L'emploi de progestatifs étant accompagné d'un certain nombre de complications, il conviendra, avant de les utiliser pour la contraception, d'avoir une bonne connaissance du cycle oestral de la chienne, et de faire réaliser examen médical préliminaire par un vétérinaire pour détecter une pathologie qui constitue une contre-indication à l'utilisation de ces molécules. Il conviendra d'être prudent quant à l'utilisation des progestatifs surtout chez les lévriers.

Pour mes mâles je recours à la castration chimique avec implant de Desloreline sous le nom de Suprelorin. Ce dernier libère des hormones en continue qui castrent chimiquement le chien pendant environ 12 mois. La stérilité est effective dans les 4 à 6 semaines après l'implantation. Les effets sont complètement réversibles L'implant s'injecte sous la peau sans anesthésie générale et ne gêne en aucun cas l'animal. Plusieurs implants peuvent être injectés à la suite.

Je ne suis pas vétérinaire, donc j'invite le lecteur à comprendre que je partage mon expérience. Il faut lire, s'instruire, échanger sur ce sujet, car une contraception définitive est un choix important.

Je précise enfin que j'ai des chiens sélectionnés, qui sont LOF, qui ont passé le CSAU et/ou TAN avec mention excellent, qui sont entraînés aux sports canins divers et qui concourent en classe beauté deux à trois pas an.

Je ne fais pas d'élevage, mais j'accepte en fonction des femelles ou mâles qui me sont indiquées des reproductions. Seulement cela m'impose de faire les radiographies et les tests ADN. Je trouve dommage si les chiens sont magnifiques, en conformité au standard, et équilibrés psychiquement, de ne pas participer au maintien de la race. Mais si vous ne souhaitez pas vous pliez aux contraintes médicales imposées aux reproducteurs, alors choisissez la contraception définitive.

Mais de grâce que les théoriciens arrêtent de dire des contre-vérités. Les fugues, les bagarres entre mâles, les comportements de domination, le marquage, se gèrent très bien par l'éducation et par une attention soutenue en période de chasse des femelles.

Disons la vérité il y a d'autres raisons que celles évoquées, comme les trafics, la concurrence entre particuliers et professionnels, l'intérêt économique des vétérinaires, l'absence de suivi et l'augmentation de la bâtardise.

L'élevage est un métier, il est réglementé et protégé. La majorité des éleveurs sont d'excellents professionnels. Sachez que des éleveurs placent des chiens dans des familles sélectionnées, pour un usage de reproduction en contrepartie de la gratuité du chien. Sachez que la consanguinité doit être maîtrisée, et que le brassage entre lignées est absolument nécessaire pour éviter les tares génétiques. Des particuliers avertis avec des chiens sélectionnés qui travaillent avec des éleveurs, c'est une bonne chose. La reproduction sauvage est un vrai fléau.

UN ÉLEVEUR SÉRIEUX

Jusqu'à présent le Code Rural et de la Pêche Maritime (CPRM) considérait comme éleveur toute personne commercialisant plus d'une portée par an. Désormais, est considérée comme éleveur toute personne vendant au moins un chien ou chat issu d'une femelle reproductrice lui appartenant.

Cependant, des dispositions spécifiques ont été mises en place pour les éleveurs ne produisant et ne déclarant qu'une seule portée par an au LOF. À ce titre, tous les éleveurs, (sauf ceux cités précédemment, se référer à l'encadré en fin de page) doivent répondre aux obligations suivantes : Disposer de locaux conformes aux règles sanitaires et de protection animale telles qu'elles sont décrites dans l'arrêté du 3 avril 2014 et ses annexes. Se déclarer au centre de formalités situé dans les chambres d'agriculture des entreprises pour obtenir un numéro de SIREN/SIRET (l'immatriculation est obligatoire dès le premier chiot vendu). Fournir un certificat vétérinaire attestant du bon état sanitaire de l'animal lors de la cession. Ce certificat peut être remis par le vétérinaire lors de l'identification des chiots. Vendre des animaux identifiés et âgés de plus de 8 semaines. Mentionner son numéro de SIREN sur toute publication d'annonce de vente.

Lorsque les éleveurs produisent plus d'une portée par an, ils doivent en plus des obligations précédentes, disposer des connaissances et des compétences requises à l'élevage (titres, diplômes, certificats, certificat de capacité, attestations d'expérience et participation aux séances d'actualisation des connaissances.)

Toute annonce de vente de chiens devra contenir les informations suivantes : le numéro de portée si l'éleveur ne produit et ne déclare au LOF qu'une seule portée par an, le numéro de SIREN pour tous les autres. Et pour tous : l'âge des animaux à céder, le numéro d'identification ou celui de la mère, l'inscription ou non à un livre généalogique, le nombre d'animaux de la portée.

FIN

Ce roman a été corrigé avec le logiciel professionnel « ProLexis » de la société Diagonale et a été plusieurs fois relu. Toutefois malgré tout le soin et l'attention apportés par l'auteur il peut subsister des coquilles. L'auteur s'en excuse.

Ce livre est une conception originale et artisanale. Le travail d'artisan consiste à écrire, corriger, relire, mettre en page, concevoir la couverture et la quatrième de couverture, mettre en ligne le manuscrit à l'aide des outils fournit par le diffuseur.

Chers lecteurs je vous remercie. Permettez-moi de vous inviter à mettre un commentaire sur Amazon.

Le code de la propriété intellectuelle n'autorisant, aux termes de l'article L. 122 — 5, 2 ° et 3 ° a, d'une part, que les « copies ou reproductions strictement réservées à l'usage privé du copiste et non destinées à son utilisation collective » et, d'autre part, que les analyses et les courtes citations dans un but d'exemple et d'illustration, « toute représentation ou reproduction intégrale ou partielle faite sans le consentement de l'auteur ou des ayants droit ou ayant cause est illicite » (art. L. 122-4). Cette représentation ou reproduction, par quelque procédé que ce soit, constituerait donc une contrefaçon sanctionnée par les articles L. 335-2 et suivant du Code de la propriété intellectuelle.

Le droit d'auteur français est le droit des créateurs. Le principe de la protection du droit d'auteur est posé par l'article L. 111-1 du code de la propriété intellectuelle (CPI) qui dispose que « l'auteur d'une œuvre de l'esprit jouit sur cette œuvre, du seul fait de sa création, d'un droit de propriété incorporelle exclusif et opposable à tous. Ce droit comporte des attributs d'ordre intellectuel et moral ainsi que des attributs d'ordre patrimonial ».

Fin